Opdragelse af børn
Interiør
Husarbejde
Hverdagsliv

居心地のいい場所は
自分でつくる

北欧の日常、
自分の暮らし

桒《くわ》原《ばら》さやか

PATCHWORK OF PERFECT IMPERFECTION
HÅNDVÆRK

（ はじめに ）

北欧に行くと、いつも新しい発見があるのです。

天気の悪い日も多く、冬も長い北欧では、防水・防寒のつなぎやジャケットが子どもたちの必須アイテム。適切な洋服さえ持っていれば、雨の日や雪の日だって、子どもたちは外で元気いっぱい遊べるのです。

また、夫婦共働きが多い北欧では、家事をラクにするため食洗機と洗濯乾燥機はどの家庭にもある必需品。さらに、買い出しの手間を省くため、１週間分の食材や日用品をまとめて買うというのも、多くの家庭で実践されていることです。

北欧のひとたちの「あたりまえ」な暮らしを知るたびに、こんな方法もあるのか！　こう考えたらいいんだ！と、いつも新しい視点をもらいました。

わたしにとって北欧が身近になったのは、スウェーデン人の夫と職場で出会ったことがはじまりです。そこから北欧に通うようになり、一度の旅行がきっかけで、ノルウェーのトロムソに住んだこともありました。5年ほど前にノルウェーから日本に戻り、現在は長野県松本市でスウェーデン人の夫、4歳の娘と2歳の息子の4人暮らし。北欧で見たことや感じたことを、自分たちなりに生活に取り入れながら暮らしています。

今回の本では、デンマークに住む3人の女性にお話を聞くことにしました。家事のこと、子育てのこと、毎日の暮らしのこと。日本で暮らしながら考えたり悩んだりしていることについて、北欧のひとたちはどう向き合っているのか、わたし自身が知りたいと思ったからです。

北欧のひとたちは軽やかに暮らしているイメージでしたが、話を聞いてみると、わたしたちと同じようなことで悩み、試行錯誤しながら過ごしていることがわかってきました。
冬が長い北欧では、家の中で過ごす時間が自然と長くなります。家でもっと心地よく過ごすためには何かできないだろうか?と、つねに北欧のひとたちは考えているのです。また、家事や仕事、子育てについても、より快適に過ごせるように、思いついたことをひとつひとつ試して自分なりの方法を見つけていることがわかりました。

毎日が少しでもよくなるように試行錯誤するその様子は、「居心地のいい場所を自分たちでつくっている」ように感じたのです。

北欧のひとたちが軽やかに見えるのは、北欧だからというわけではなく、目の前のことにひとつひとつ向き合い、自分なりの方法を見つけているからなのかもしれません。

この本では北欧デンマークに住む3人のお話、スウェーデン人の夫との生活で気がついたこと、ノルウェーで暮らした経験から、わたしが感じたこと、また、それをどうやって日本の暮らしに活かしているのかを書いています。

この本を読んでくださった方にとって、小さくとも毎日が心地よくなるようなヒントに、そして自分にとっての居心地のよさを考えるきっかけになったなら、こんなにうれしいことはありません。

桒原《くわばら》さやか

（ もくじ ）

② 家事のこと

③ 子育てのこと

④ 暮らしのこと

この本に登場する北欧の3人をご紹介！

デンマーク・コペンハーゲン在住の3人に、ふだんの暮らしぶりについて取材させていただきました。

ペルニッレさん

Pernille Normann Rindom

39歳。夫のキャスパーさん、8歳のフレドリック君、5歳のフィリッパちゃんの4人暮らし。4年前にROtation Indretningというブランディングやインテリアデザインの会社を立ち上げ、現在はインテリアデザイナーとして働いています。仕事はすべて在宅勤務。休日になるとアパートから車で1時間ほどのサマーハウスに行き、自然の中で家族みんなでゆっくり過ごすのが楽しみなのだとか。夫婦そろって食べることも大好き。土日はパンを焼いたり新しいレシピに挑戦しています。

インスタグラム @nullsterliving

Stina Bothilde Rossen

スティナさん

37歳。夫のトーマスさん、10歳のオリィー君、6歳のパヤちゃんの4人暮らし。現在は、銀行でアドバイザーをしています。週2日は在宅、3日はオフィス勤務。自宅の収納棚をDIYでつくったり、ペンキを塗ったりするなど、少しずつ自分たちで手を加えながら家づくりを楽しんでいます。自然の中で過ごすことが好きで、アパートがあるのも緑豊かなエリア。コーヒーを飲みながら、バルコニーで編み物をするのが癒しの時間なのだそう。友人にプレゼントすることも。

インスタグラム @stina.bothilde

Line Schjelde

リーネさん

34歳。パートナーであるマッツさん、4歳のノーラちゃん、1歳のエヴィちゃんの4人暮らし。旅行のチケットやホテルを比較するサービスを提供しているKAYAKのシニアPRマネージャー。エヴィちゃんが11か月のときに、フルタイムの勤務で仕事復帰しました。休日には家族で近所を散歩しながら、ローカルの惣菜店でおいしいものを買って帰るのが楽しみなのだとか。家のことを考えるのが好きで、インスタグラムやブログでもインテリアを中心に家族のことや仕事のことを発信しています。

https://merimeri.dk/
インスタグラム @merimeri.dk

北欧3家族のお宅拝見！

今回、取材をさせていただいた3家族のご自宅をご紹介します。

1 ペルニッレさん宅

【4人暮らし】子どもは5歳&8歳

気持ちいい光がたくさん入ってくるリビング。この部屋で家族で過ごす時間がいちばん長い

(a) 改修工事で追加されたベランダは中庭に面しています (b)「自然を感じると元気をもらえる」とペルニッレさん

1. Pernille's home

ペルニッレさんが住んでいるのは海が近くにあり、家族連れが多く暮らす閑静な住宅街。8年ほど前、築100年以上になる集合住宅を購入しました。もともとは庭付きの一軒家に住むのが夢だったので、家を購入した当初は、何年か住んだら引っ越すことも検討していたのだとか。

古いものとモダンなデザインを組み合わせるのが好きだというペルニッレさんの家には、デザイナーの家具や照明とともに、祖母から譲り受けた古い道具が並んでいます。引っ越してからはキッチンを寝室に変更するなど、少しずつ部屋を直していき、すべての部屋をリフォーム。今でも子ども部屋の家具をDIYするなど、家づくりは続いているそう。

「住んでいるうちに居心地がよくなって、友人たちも近くに住んでいるこの家が、今はとても気に入っているの」とペルニッレさん。最近は子どもたちのモノが増えたので、収納スペースを確保するのがいちばんの悩みなのだとか。

(a) モノが増えがちな子ども部屋は、壁面収納で場所を確保(b)よく使うものはしまい込まず、ボックスを使ってざっくり収納(c)パッと映えるマスタードカラーの壁。ウォールライトがこんなところにあるのも北欧らしさ

1. Pernille's home

コルク天板のテーブルはデザイナーIlse Crawford（イルス・クロフォード）とイケアがコラボしたもの。椅子は祖母から譲り受けたYチェア

天気の悪い冬が長い北欧では、洗濯、乾燥、アイロンができるランドリールームをつくることが多い。洗濯機は扉の中に隠しています

(a) ペルニッレさんのお宅にはアートがいっぱい。旅先で手に入れたものや、家族からプレゼントされたものなど、どれも思い入れがあるそう。この写真は寝室の一角 (b)小さなエリアも、バーを取り付けるだけで洋服を収納できるスペースに (c) 自宅内のオフィスの壁面には、自転車。盗難対策だそうですが、オブジェのようでかわいい

2

【4人暮らし】

スティナさん宅

子どもは6歳&10歳

ダイニングから見える、緑の景色。扉を開けるとバルコニーにつながっています

(a) 夫のトーマスさんがつくった収納棚には、お気に入りのランプやオブジェを並べて (b) バルコニーのベンチは、木製パレットを2段重ねた上にクッションを置いたもの。すぐできて、真似したくなるアイデア

コペンハーゲンの中でも緑豊かなエリアに住んでいるのは、スティナさんファミリー。現在暮らすアパートに引っ越してきたのは今から10年ほど前。当時、スティナさんが妊娠中だったこともあり、階段の上り下りをしなくていい1階であること、そしてなにより、緑の景色が見えるバルコニーが気に入り、購入を決めたのだとか。アパートの広さは、バルコニーをのぞくとおおよそ86㎡。引っ越してから、家族がふたり増えました。

「家族4人が暮らしているから、インテリアはデザインはもちろん、機能性も大事なの」とスティナさん。家具は収納がたくさんできるものを選んでいるそうで、ダイニングにあるベンチの下が収納スペースになっていたり、キッチンにも大きな収納棚があったり。また、日常的にもモノが増えすぎないように意識しているのだとか。スティナさんの家には家族4人が心地よく暮らす工夫がたくさん見つかりました。

(a) あちこちアートが飾られているスティナさんのお宅。洗面所でもアートを発見 (b) 子ども部屋の仕切りになっているのは、アンティークのお店で見つけた格子のガラス扉 (c) 収納棚に入りきらない本は、ボックスに収納

(a)

(b)

(c)

リビングルームのソファは、カバーを特注したお気に入り。家族4人でゆったり座れるサイズのものを選んだそう

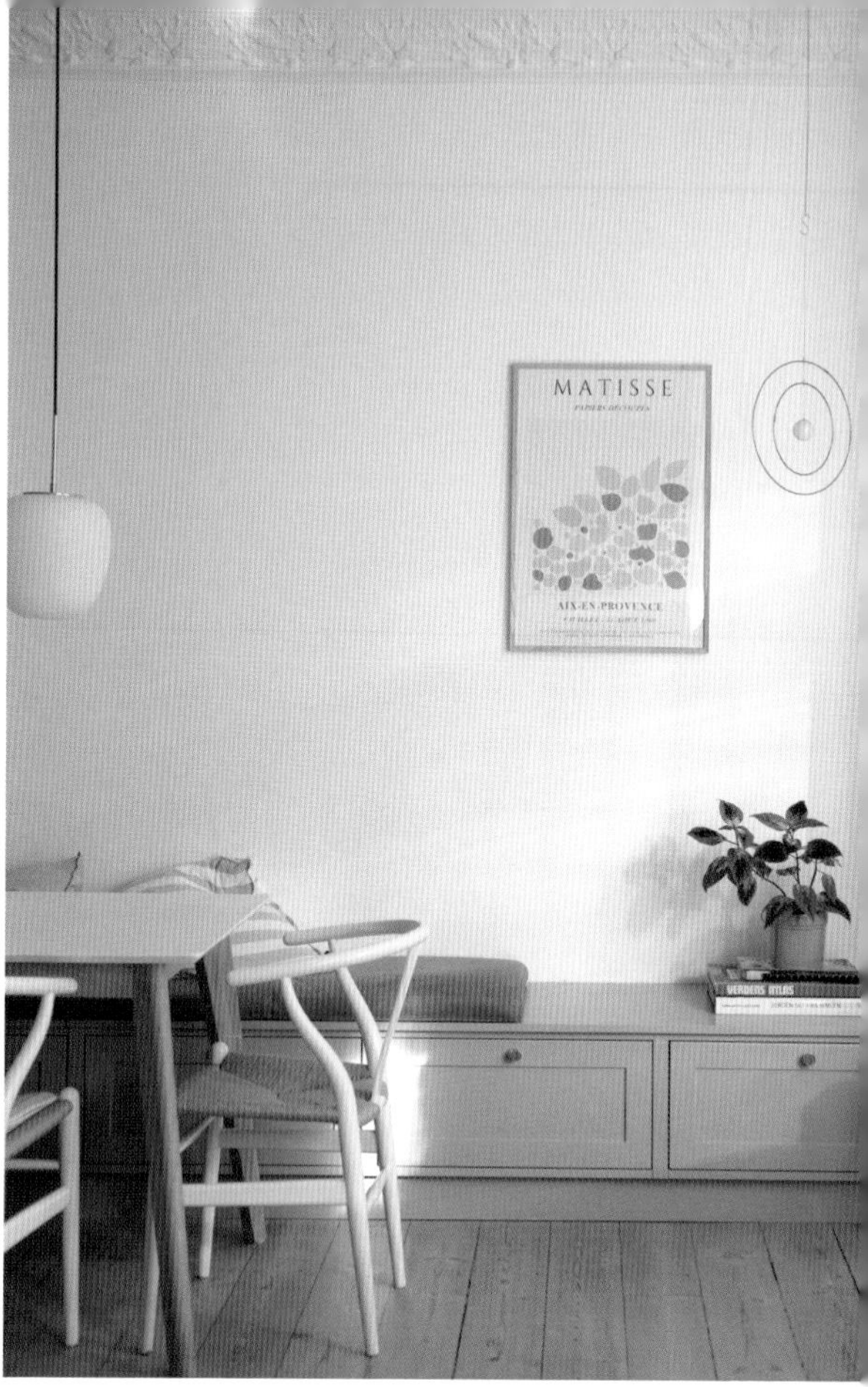

ダイニングにあるベンチは、収納スペースとして有効活用。引き出しを開けると食器や、なんと掃除機まで収納されていてびっくり

(a) キッチンの収納棚のひとつは、シューズがぎっしり。すぐ横には勝手口があり、子どもたちはここから出入りすることが多いそう (b) 洗濯機があるのは、キッチン奥の勝手口から出てすぐの場所。北欧ではこんなふうに家の外にランドリールームがあることもめずらしくありません (c) 小さなスペースに洋服を収納するために、近藤麻理恵さんの「こんまりメソッド」を試しているそう

3

【4人暮らし】

リーネさん宅

子どもは1歳&4歳

築100年以上になるアパートの1階に暮らしているリーネさんファミリー。アートギャラリーやバー、レストランなどが並ぶ、コペンハーゲンの中心街に住んでいます。アパートには住民が使える共用の中庭スペースがあり、子どもたちの遊具、ベンチやテーブルが置かれています。デンマークのアパートには中庭があるのが定番で、畑やウサギ小屋があることもめずらしくないそう。

家のことを考えるのが好きだというリーネさん。お気に入りを集めていたら木の素材、ベージュ、ブラウンのニュートラルカラーが自然と多くなってきたのだとか。リーネさんの楽しみのひとつは、週に一度花を買うこと。季節の花やそのときにピンときたものを選んでいて、ダイニングやリビング、ときには寝室に花を飾ることも。お気に入りの部屋は太陽の光がきれいに差し込むリビングルーム。家族そろってここで過ごすのが何よりも好きな時間だと教えてくれました。

(a)大きなソファで気持ちよさそうな、エヴィちゃんとノーラちゃん (b) リビングにはおもちゃも置いてあるので、この部屋で過ごす時間がいちばん長いそう

ダイニングにはいつも季節の花を飾っています。「花から元気をもらえる」とリーネさん

窓からグリーンの景色が見えて、気持ちいい光が入るキッチン。お気に入りのエスプレッソマシンが鎮座！

(a) 洗面所にはおむつ替えスペースももうけて実用的に (b) 玄関にコートやバッグ置き場があれば、出かけるときも、帰宅時もスムーズ (c) 洗面所エリアはコンパクトなので、ウォールシェルフで収納を確保。バスローブはフックに引っ掛けたら場所もとりません

(a)

(c)

(b)

(c)

(a)

(b)

(a) アパートの住民が使える共用の中庭スペース。遊具や砂場まであるので助かるそう (b) 木の素材からぬくもりを感じる、シックでかわいい子ども部屋。エヴィちゃん、ノーラちゃんはおままごとに夢中 (c) キッチンのシェルフには、お気に入りのカップを見せながら収納。こういう飾り棚は北欧でよく見かけます

見ているだけでわくわくするおもちゃ棚。大
人もかわいいと思えるものを選んでいるそう。
細かいおもちゃは右下のバッグ型の箱に収納

Interiør
Interiör

1

インテリアのこと

ムードを変える魔法？北欧流、明かりとのつき合い方

雪が降って、冷え込む冬の日。外を歩いていると、真っ暗な中、子どもたちが楽しそうにソリですべっているのを見かけます。

時計を見ると、まだ午後の3時。あぁ、そうか、まだ昼間だったんだ……。慣れない景色に頭がぐるぐるします。ノルウェーに住んでいたときのできごとです。

以前住んでいたノルウェーのトロムソは、冬は朝の10時くらいまで暗く、11時くらいにうっすら明るくなってきて、13時くらいになるとまた暗くなっていく。北欧の中でもかなり北の方に住んでいたのもありますが、冬の暗さには頭も体もなかなか慣れませんでした。

それとは逆に、夏は白夜の季節。まぶしい太陽と透き通るようなブルーの空。夜の9時でも外は明るいのです。

印象的な光をつくってくれる、
ferm LIVING（ファームリビング）
のライト（リーネさん）

(a) リラックスしたいときは、いつもキャンドルを灯しているそう（リーネさん）(b) 部屋の角にペンダントライトが複数並ぶのも、北欧ではよく見る使い方（スティナさん）

(b)

(a)

夏の光と冬の暗闇。こう考えると、北欧は極端な場所だなぁと思います。

気持ちがよくてあたたかい夏の日はとても短いので、自然と太陽の光を意識しながら生活するようになっていきます。それが日常である北欧のひとたちは、明かりに対する考え方がわたしたちとは少しちがうようです。

北欧のおうちにお邪魔すると、薄暗くてびっくりするかもしれません。日本と比べると、ライトの明かりが弱く、やわらかい光なのです。

日本のようにひとつの天井灯で部屋中を照らすことは少なく、いくつかのやさしい明かりを重ねることで部屋を照らしています。たとえば、チェストの上にテーブルライトを置いたり、ソファや部屋のコーナーにスタンドライトを置いたり。また、食卓を照らす照明も、ひとつではなく、ペンダントライトが2、3個並んでいるのが定番。スティナさんのお宅でも、リビングや食卓に複数のライトがありますが、どれもオレンジ色のやわらかい明かりです。

「明るすぎるとぜんぶが見えてしまって、落ち着かないでしょう?」とスティナさん。ぜんぶ見えている方がむしろいいと思っていたわたしは、その言葉を聞いてドキッとしました。暗さがあるから、明るさの美しさがわかる。そんなふうに考えているのかもしれません。

北欧の家で特徴的なのは、窓の大きさもそのひとつ。太陽の光を少しでも家の中に取り込もうと、窓は大きくとって、カーテンはつけていない家が多いくらいです。街を歩いていると、窓からチラッと家の中の様子がうかがえることもめずらしくありません。窓辺の飾りは「インテリアのおすそ分け」と考えているひとも多いよう。窓辺にオブジェや植物を置いている家や、また、ライトやキャンドルを飾っている様子もよく見かけます。

ペルニッレさんのおうちの窓辺に飾られているのは、黒いペンダントライト。夜に外からこの窓をのぞくと、ポゥッと灯る明かりがいい雰囲気なのだとか。

「冬の暗い時期は、どうしても気持ちが落ち込んじゃうの。でも、家に帰ってきて、明かりをつけると、その場のムードを変えてくれるのよ」

ペルニッレさんの話を聞いていたら、松本のわが家での、夕飯のできごとを思い出しました。その日は雨が降っていて、肌寒い日でした。なんとなく、電気をつけずに、いくつかのキャンドルを食卓の真ん中に置いてみることに。キャンドルを見つけるやいなや、「わぁ〜！　キレイ」と目をきらきらさせる子どもたち。薄暗い部屋の中で、揺れる炎を見ながら、子どもたちはいつもよりも静かに食事をしています。夫とも「なんだか洞窟にいるみたいだね」と、自然と小声で話すように。ただ、キャンドルを置いただけなのに、いつもとはちょっとちがう夕飯の時間になったのです。

明かりには不思議な力があるんだなと思います。光と暗闇。ムードを変えるには、この2つにヒントがあるようです。

(a) 棚の上に置いたテーブルライトは、暗さがあるとより美しさが引き立ちます（ペルニッレさん） (b) 北欧では部屋全体を明るくせず、低い位置のライトで手元を明るくします。天井にフックをつけてコードを調整（ペルニッレさん）

家は自分を表すもの。だからインテリアにも自分らしさを加える

北欧のひとたちの家にお邪魔すると、必ずといっていいほどあるのが、家族の思い出のアイテムが飾ってあるコーナー。そこには、子どもがつくった作品、祖父母から譲り受けた手づくりのタペストリーや刺繍、家族写真などが、絵画のように壁の一角に飾られているのです。「これはいつ撮った写真なの?」「これは誰がつくったの?」なんて会話が広がるきっかけにもなり、誰かのお宅にお邪魔するときは、ファミリーコーナーを眺めるのがわたしの楽しみでもあります。

今回お話を聞いた3人に「居心地のいい家ってどんな家だと思う?」と質問してみると、3人とも同じ答えが返ってきました。

それは、「自分らしさを感じること」。

なるほど、あのファミリーコーナーは、彼らにとって自分らしさの象徴みたいな

壁に飾られている、しめ縄のような白いオブジェは、お店でインスピレーションをもらい、自分でつくったもの(ペルニッレさん)

ものなのかもしれない。そんなふうに思ったのでした。

「家に入った瞬間にわたしが誰なのかわかることが大事だと思っているの」と話すのはペルニッレさん。ペルニッレさんのお宅には、子どもが描いた絵、お父さんが若いころに撮影したセピアカラーの写真、自身でつくったオブジェがずらりと壁に飾られています。また、キャビネットや棚も、祖母や母から譲り受けたものがあちこちに並んでいるのです。「家にあるものは、ぜんぶストーリーがあるの」とペルニッレ

2軒のお宅に飾られていた、文字がデザインされているポスターは、デンマークのポスターブランドStudio Bitte(スタジオビッテ)のもの。デンマークの詩や童謡などからヒントを得た言葉が描かれているのだとか（右上：ペルニッレさん、左上&左下：スティナさん）

さん。子どもがいることもインテリアで表現したいという言葉が印象的でした。

「家には自分の好きなものだけ置くようにしている」と話すのはリーネさん。花瓶やライト、食器からソファまで、使うたび見るたびにうれしくなるものを選んでいるそう。少しずつ家にお気に入りが増えていくことが、小さな楽しみなのだとか。

インテリアのことを考えるときに、「自分が家でどう過ごしたいのか?」をいつも考えるようにしているというのは、スティナさん。スティナさんのお宅は全体的にナチュラルでやさしい色合いのインテリアですが、以前はカラフルな雑貨やポスターを集めていた時期もあったのだとか。家族が増えたこともあるのか、いつからか、「家に帰ってきたら、心からほっと安らげるようにしたい」と思うようになったそう。今では、家に置くものは心落ち着くやさしい色合いやデザインのものを選ぶようになりました。

自分はどうやって過ごしたいのか？
自分が好きなものは何か？
自分が大事なものは何か？

それを表現しているのが「家」なのかもしれません。

スウェーデン人の夫は北欧のひとたちの話をするときに、よくこんなことを言います。
「彼らは1日中、家のことばかり考えているよ」と。

それくらい、自分を知るには時間がかかるということなのかもしれません。そして、北欧のひとたちは、それがいかに大切なのかよく知っているようです。

(a) 子どもが描いた絵、職場の仲間や夫から贈られたポスターなど、「飾ってあるものはすべてストーリーがある」とペルニッレさん (b) 壁に額装しているのは、ラオス旅行のときに手に入れた思い出のもの(スティナさん)

(b)

(a)

「北欧の家庭に1台はあるのでは？」というほど、よく見かけるBEKVÄM（ベクヴェーム）という名の踏み台（リーネさん）

北欧の家に必ずひとつはある、イケアの家具

夫が子どものころ、ママの寝室にはいつもイケアカタログが置いてありました。寝る前にカタログをめくりながら、家のことをあれこれ考えるのが何よりも楽しみだったそう。

「イケアに行く」のは、家族の一大イベントだったと言います。車に引っ掛ける荷台をつけて、日用品から家具までたくさん持ち帰り、家に着いたら家族みんなで家具を組み立てる。「出かけるところから組み立てまで、ぜんぶが楽しかった！」と、夫は今でもよくそのときのことを話します。スウェーデンの実家には、30年ほど前に買ったというイケアのワードローブが現役で活躍していますし、昔から北欧のひとたちの生活に、イケアは欠かせない存在だったんだなぁと感じます。

わたしのイケアとの出会いは、さかのぼること15年ほど前。長野の大学を卒業し、就職のために神奈川へ引っ越しをし、働きはじめたのがイケアでした。そのころ、

キッチンは収納部分がイケア。面材と天板は別の会社にお願いしてつくってもらったもの（ペルニッレさん）

ちょうどイケアが日本へ本格的に上陸するタイミングで、わたしは店舗のオープニングスタッフでもありました。まだまだ働くということにも慣れずにいた中、お店がオープン。入り口からぶわーっとお客さんがひっきりなしに入ってくる、あの光景を今でもハッキリと覚えています。焦るわたしのとなりで、「今日を楽しもう！」とわくわくが隠し切れないスウェーデン人マネージャーがいたことも忘れていません。北欧の働き方も、暮らし方も、休日に対する彼らの情熱も、家のこだわりも、イケアを通してたくさん学びました。

ちなみに、夫との出会いもイケア。わたしが働いていた部署に、夫がアルバイトで働きに来たのがきっかけです。引っ越しをしたら「まずはイケアへ行く」というのは、出会ったころからずっと変わっていません。

日本ではイケアと聞くと「家具や雑貨を買うお店」というイメージですが、DIYが大好きな北欧のひとたちにとっては「パーツが安く手に入るお店」でもあります。木の天板やキッチンの棚板、引き出しのパーツなどを買って、自分たちで自由に組み合わせているのです。

スティナさんのおうちでは、リビングルームにあるイケアの棚を自分たちでカスタマイズして使っています。イケアの収納棚の上に、夫のトーマスさんがつくったというシェルフを設置。家の雰囲気に合うように、イケアの扉には飾り(モールディング)をつけています(写真は56ページ)。

また、リーネさんのおうちでは、ワードローブの枠組みと中の収納はイケアのPAX(パックス)。扉はインテリアに合うように、CPH Wood(コペンハーゲンウッド)という業者にお願いしてつくってもらいました。また、ペルニッレさんの家では、キッチンの収納はイケアのものですが、面材と天板は他の業者にお願いしてつくり替えてもらったのだとか(写真は48ページ)。こんなふうにイケアの家具がそれぞれの家庭で、生まれ変わっているなんて、びっくりです。

「イケアの家具は安くてデザインがいいものが多いけれど、北欧の多くの家庭で同じものを使っているでしょう? だから、わたしは少し手を加えるのが好きなの。そうしたら、自分たちらしくなるし、気持ちよく使えるでしょ?」とペルニッレさん。イケアの家具に馴染みがある北欧ならではの発想なのかもしれません。

　わが家のダイニングには、かれこれ5年ほど使っているイケアの収納棚がありま す。気に入ってはいるものの、そろそろ何か変化がほしいと思っていたところでした。ペンキで色を塗りかえるのもいいかもしれない。それに、取っ手をつけ変えたら新しい棚に生まれ変わりそうな気がしてきました。「カスタマイズする」という選択肢を持っていたら、イケアで買い物をするときはもちろん、すでに家にある家具たちも、見方が変わってきそうです。

(a) 子どものものをTROFAST(トロファスト)で分類(b)ダイニングで活躍しているのは、松本のわが家でも使っている椅子AGAM(アーガム)(c)壁に取り付けた棚もイケア(d)ワードローブの枠と収納部分はPAX(パックス)。扉はコペンハーゲンにある建具店に頼んでつくってもらったもの(a〜cはスティナさん、dはリーネさん)

(c)

(d)

(a)

(b)

DIYをするのは、ごはんを食べるのと同じくらい自然なこと

今、わたしたち家族が住んでいるのは、築43年になる和風の中古物件。家を買ってから、自分たちの手で少しずつ直しながら住んでいます。畳をフローリングに張り替えたり、和室の砂壁に石膏ボードを張って洋室に変更したりと、試行錯誤の毎日です。

もともと、夫は簡単なDIY経験はあったものの、家をリフォームするのははじめて。わたしに関してはまったくの素人。そんな状態から、自分たちでやってみようと思うようになったのには理由があります。それは、北欧のひとたちが日常的にDIYや家のリフォームをしているのを間近で見ていたから。DIYが得意だからというわけでもなく、誰もがあたりまえのように、ペンキを塗ったり、床を張り替えたり、いいサイズがなかったらつくってみたり。彼らの生活の中に「自分でやってみる」という選択肢があたりまえにあるのです。

マスタードカラーのペンキを
塗って、リビングのアクセン
トに(ペルニッレさん)

北欧のひとたちがＤＩＹをするのは、住宅事情も大きく関係しています。物価が高い北欧では、新しく家を建てるとかなりお金がかかるので、築50年以上の中古物件を買うひとがほとんど。家を買ってから、自分たちの好きなように家中ぜんぶリフォームするのが、何よりも楽しみなのだとか。もちろんプロにお願いするひともいますが、友人や家族に手伝ってもらい、自分たちの手で直すというひとの方が多いのではないかと感じます。

ペルニッレさんのお宅にある、子ども部屋のベッドはＤＩＹでつくったもの。お店で購入した収納棚をペンキでブルーに塗り替えて、そこに柵を自分たちで取り付けました。また、玄関にある収納スペースやオフィスのデスクもＤＩＹでつくったもの。気に入ったものが見つからないときは、ペルニッレさんがデザインを考え、夫のキャスパーさんにつくってもらうことが多いのだとか。ＤＩＹをするのは「価格が抑えられるから」というのももちろんありますが、単純に「楽しいから」という理由が大きいようです。

子ども部屋のベッドはDIY。購入した収納棚をブルーにペイントし、上部に天板と柵を取り付け、マットレスをのせています（ペルニッレさん）

壁を壊して一から部屋をつくり変えたり、キッチンを自分たちでつくってしまったり。はたまた、電気工事や排水まわりまで、ぜんぶ自分でやってしまったり。毎回、北欧のひとたちのDIYレベルに驚かされます。ちなみに「自分たちでリフォームをした家が、購入した当時よりも高い金額で売れた」というのは、北欧のひとたちのいちばんの自慢話なのだとか。家が大好きな北欧のひとたちらしいエピソードだなと思います。

松本のわが家に話を戻すと、この家

上部の棚は夫のトーマスさんがDIYで制作。下の収納棚はイケアで購入しましたが、扉に飾り(モールディング)をつけてカスタマイズしています(スティナさん)

に住みはじめてから、2年半ほど経ちました。わたしが見よう見まねで塗った漆《しっ》喰《くい》の壁は、ところどころよれていたり、はみだしていたり。夫が張った床のフローリングは隙間が空いているところもちらほら。作業していた当初はひとつひとつの失敗にため息がでるくらい落ち込んだものの、今となっては、あちこちにある傷跡も

不思議なくらい気にならなくなってきました。むしろ、頑張った証《あかし》として、かわいく見えるくらいです。

自分たちで家を直すようになってからは、暇さえあれば、家のことばかり考えるようになりました。インスタグラムなどから、いいアイデアを見つけたら、すぐに取り入れてみたり。家具を見に行くときも「買う」という目線だけでなく、「どうやってつくっているのか」を考えるようになったり。いいサイズがなかったら、自分たちでつくればいい。飽きてきたら壁紙を張り替えてもいいし、ペンキを塗ってもいい。「自分でできる」という選択肢があると、アイデアが無限に広がっていくんです。

家ってこんなに自由だったんだ……！
自分たちの手でリフォームをして、はじめて知った大きな発見でした。今、わが家には新しい風がビュンビュン吹いています。

Vores liv i Matsumoto

松本の日々

（インテリア編）

わが家は、
ほぼまるごとDIY。
最近はまっているのは、
壁紙の張り替え

自分たちで漆喰を塗ってみたり、フローリングを張ったり、棚をつくってみたり。完璧な仕上がりではありませんが、楽しみながら家づくりをしています。最近はまっているのが壁紙。部屋全体に壁紙を張るとインパクトも大きく勇気がいりますが、1面だけなら手間やコストもかからないし、冒険してもいいかも？と思ったのがはじまりです。壁紙は北欧の壁紙もたくさん扱っている輸入壁紙専門店ワンダーウォールで購入。素人のわたしたちでも思ったよりもキレイに張れました。壁紙を張るだけで、パッと部屋の雰囲気が変わるのが楽しいです。

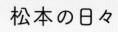

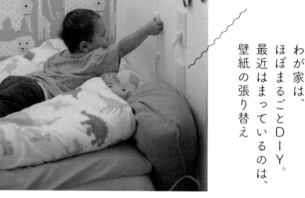

気持ちが沈むときは、
明かりの力に
助けてもらっています

北欧のひとたちから学び、「暗さ」を意識するようになりました。子どもが寝たあとに、メインの明かりを消して、小さなライトやキャンドルをつけるだけ。パチンとスイッチを入れたみたいに、部屋のムードが変わります。また、天気が悪く薄暗い日は、気持ちもなんとなく沈みがちです。そんなときは食卓にキャンドルを置くと、少し気持ちが和らぎます。星の形のライトはクリスマスの時期になると、北欧の家庭の窓辺に飾られるもの。街を歩いていると窓から星の明かりが見えて、気持ちまであたたかくなるのです。わが家でも、イケアで購入した星のライトがクリスマスの定番になりました。

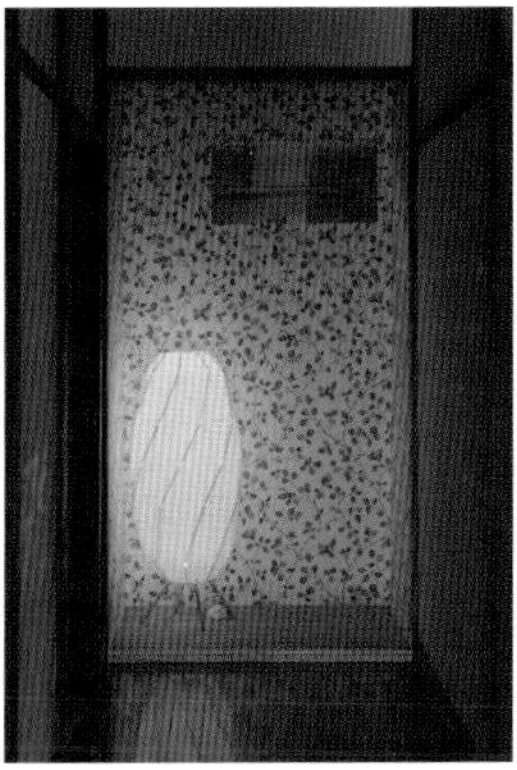

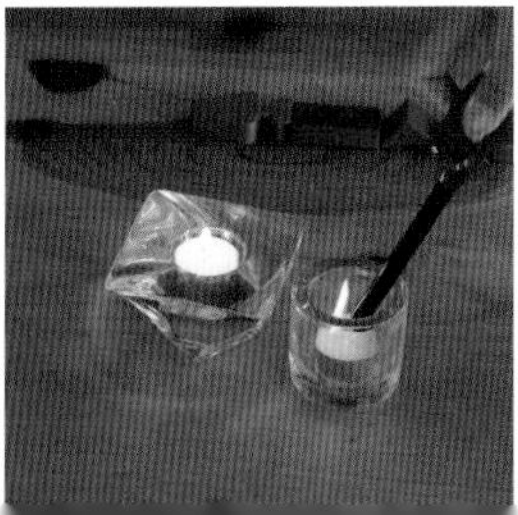

家族の写真コーナーや
ポスターは、
わが家らしさを
つくってくれます

北欧のひとたちの家にお邪魔すると、家族の写真や子どもの作品、おばあちゃんがつくった刺繍小物などを飾っているファミリーコーナーをよく見かけます。わが家でも、夫が小学生のときにつくった木製のキーホルダーと家族の写真を玄関に飾ってみました。写真ボードは木の板を布でおおって、タッカーで留めただけ。ノルウェーに住む友人のアイデアを真似したものです。また、北欧ではアートやポスターがあちこちに飾られていて、家にその人らしさを加えているように感じます。わが家でも気に入ったポスターを少しずつ集めるようになりました。

家のことを考えるときに、まずのぞくのがイケア。ちょうどいいデザインと価格のものが見つかるので、わが家はあちこちイケアだらけです。北欧のひとたちは壁使いの達人で、壁付け収納やフックを上手に使っているおうちをよく見かけます。イケアでもウォールシェルフの種類がとにかく豊富。わが家ではLACK（ラック）の棚を壁に複数取り付け、本や植物を飾るようになりました。また、BEKVÄM（ベクヴェーム）の踏み台は、北欧ではそれぞれ好きなカラーに塗って楽しんでいるひとが多いよう。わが家ではイエローに。パキッとしたカラーがキッチンに映えて気に入っています。

わが家はイケアだらけ。
おすすめは
壁面収納とペイント

Husarbejde
Hushållsarbete

●この本をどこでお知りになりましたか?(複数回答可)

1. 書店で実物を見て　　2. 知人にすすめられて
3. SNSで(Twitter:　　Instagram:　　その他　　)
4. テレビで観た(番組名:　　)
5. 新聞広告(　　新聞)　　6. その他(　　)

●購入された動機は何ですか?(複数回答可)

1. 著者にひかれた　　2. タイトルにひかれた
3. テーマに興味をもった　　4. 装丁・デザインにひかれた
5. その他(　　)

●この本で特に良かったページはありますか?

●最近気になる人や話題はありますか?

●この本についてのご意見・ご感想をお書きください。

以上となります。ご協力ありがとうございました。

郵便はがき

お手数ですが
切手を
お貼りください

150-8482

東京都渋谷区恵比寿4-4-9
えびす大黒ビル
ワニブックス書籍編集部

お買い求めいただいた本のタイトル

本書をお買い上げいただきまして、誠にありがとうございます。
本アンケートにお答えいただけたら幸いです。
ご返信いただいた方の中から、
抽選で毎月5名様に図書カード(500円分)をプレゼントします。

ご住所 〒 TEL (　　-　　-　　)	
(ふりがな) お名前	年齢 歳
ご職業	性別 男・女・無回答
いただいたご感想を、新聞広告などに匿名で使用してもよろしいですか? (はい・いいえ)	

※ご記入いただいた「個人情報」は、許可なく他の目的で使用することはありません。
※いただいたご感想は、一部内容を改変させていただく可能性があります。

2

家事のこと

食卓の定番は冷凍食品？
北欧のひとたちが
ご機嫌に料理を続ける方法

食事をしながら家族と1日のできごとを話すのが楽しみな時間（ペルニッレさん）

スウェーデンのスーパーに行ったときのこと。夫が興奮した声で「わぁ、なつかしい〜!」と手に取ったのはGORBYS Pirog（ゴルビスピローグ）という冷凍食品。ミートソースをパン生地で包んだもので、子どものころ、家の冷凍庫に必ず入っていたものなのだとか。

北欧と聞くと、なんとなくナチュラルなものを食べているイメージがある方も多いかもしれませんが、実は冷凍食品が家庭の食卓をかなり助けてくれています。そのひとつが、FISKPINNAR（フィスクピンナル）という冷凍白身魚のフライ。フライパンで焼いて、その横にゆでたポテトをのせたら、スウェーデン定番の夕食のでき上がり。とてもお手軽なのです。

また、ノルウェーで食卓の定番といえば、冷凍ピザ。GRANDIOSA（グランディオーサ）のピザが人気で、「国民食は冷凍ピザ」と言うひともいるくらい、ノルウェーの食卓には欠かせない存在です。

料理がお気楽なのは、冷凍食品だけではありません。スウェーデン料理と聞いたら、ミートボールが浮かぶ方も多いでしょうか。お肉をこねて、丸めて、焼いている姿が思い浮かぶのですが、実際はスウェーデンの家庭でよく食べられるのはスーパーで売っているでき合いのミートボール。その名も、ママのミートボールという意味のMamma Scans Köttbullar（マンマスコンショットブラー）。フライパンで温めるだけででき上がります。夫も子どものころからずっと食べているなつかしい味なのだとか。

北欧では物価が高いので、3食自炊が基本。共働きの家庭も多く、平日はどうしたってバタバタと忙しいので、「料理はつくれているだけでよし！」と考えているひとが多いようです。

毎日の料理をなんとか乗り切るため、北欧の多くの家庭では、1週間分の献立をまとめて考えています。献立に悩まないように、月曜日はパスタの日、火曜日はお肉の日、水曜日は魚の日などと、ざっくりとメニューを決めている家庭も多いそう。

ほうれん草のパンケーキは簡単につくれて、ペルニッレさんの子どもたちも大好きなメニュー。卵、小麦粉、オートミール、ほうれん草と、塩、こしょうをすべてミキサーに入れて混ぜたら、あとは焼くだけで完成。栄養バランスもいいので、夜ごはんをこれだけですますことも

ペルニッレさんは毎週日曜日の夜に、1週間分のメニューを考えて、ネットスーパーでオーダーしています。頼んだものは月曜日に自宅に届くようになっているそう。平日はピザ、トマトパスタ、タコス、魚とじゃがいも、ほうれん草のパンケーキなど、10食分の定番メニューを自分で決めていて、同じメニューをとにかくリピートしているのだとか。

「平日は忙しいから30分もあればつくれる料理がほとんど。定番メニューが10食あると、献立を考えるのもラクだし、毎日ローテーションすればちがう

ものが食卓に並ぶしね」とペルニッレさん。忙しい毎日の中、料理が効率よくできるように、北欧のひとたちもいろいろと工夫しているようです。

料理は簡単なものでいい。無理をしなくていい。

今ではわたしも心からそう思うようになりました。子どもが生まれて忙しくなってからは、頭で呪文のように唱えています。

褒められたことじゃありませんが、みそ汁とごはんと買ってきたお惣菜だけの日があったり、テイクアウトのピザですませたり。同じメニューばかり食卓に並ぶなんていう日もよくあります。それでも、夫は何も文句を言いませんし、子どももパクパク食べてくれます。

ところが、「これでいい」と思いながらも、そんな生活を続けているうちに、料理をすること自体楽しくなくなってしまったのです。

しばらく料理スランプが続いていたある日のこと。本屋さんで、あるレシピ本に目がとまりました。あ、この料理つくってみたいかも……。自然とそう思えたら、料理が楽しいという気持ちがむくむくと戻ってきたのです。あたりまえでしょうと言われてしまいそうですが、気を抜きすぎるのもよくなく、何ごとにもバランスが必要なんだと気づかされたできごとでした。

ちなみに、ここまで北欧の料理のお気楽さを書いてきましたが、休みの日にはベイキングをしたり、時間のかかる煮込み料理に挑戦したりするのも、北欧のひとたちの定番の休日の過ごし方。夫婦そろって食べることが好きだというペルニッレさんも、土日は生地からこねてパンを焼くのが楽しみなのだとか。

料理は毎日のことだから、「無理をしないこと」と「楽しむこと」の両方が必要なんだなと思います。3食自炊が基本な北欧のひとたちは、料理をご機嫌に続けるコツをよく知っているようです。

家がキレイなだけで、家にも気持ちにもいい風が吹く

どれだけ手抜き料理をつくっても文句を言わないスウェーデン人の夫が、唯一イライラするのは家が散らかっているときなんです。

朝ごはんを食べたあと、あちこちに散らばっているおもちゃや本を定位置に戻し、テーブルの拭き掃除をして、クッションを整える。この一連の流れが、夫の朝の日課です。出会ったころから「髪をセットする時間があったら、家を片付けるよ」というのが口癖でもある夫。掃除にも彼なりのこだわりがあるようで、いっしょに暮らしはじめたころは、掃除の仕方について揉めることもしょっちゅうでした。でも、キレイ好きなのは、どうやら夫だけではないようです。

「家の掃除にこだわりがある」

これは、北欧のひとたちの特徴のひとつではないかと今では思うようになりまし

た。というのも、北欧では突然誰かの家にお邪魔しても、すっきりとキレイに整頓されていることがほとんど。これは日頃の掃除や片付けをちゃんとしていないと、実現できないことだなと感じるのです。

5歳と8歳のお子さんがいるペルニッレさんは、子どもが寝たあとに片付けをするのが日課。子どもが起きている間はすぐに散らかってしまうので、寝たあと、10分ほど落ちているものをもとの位置に戻したりして、簡単な片付けをしているそう。「朝起きて家がキレイに整っているって気持ちいいでしょう？　わたしの場合は、家で仕事をしているのも大きいかもしれない。ごちゃごちゃした部屋では、いいアイデアが浮かばないし、集中できない気がするの」。

また、「部屋が片付いていないと家を出られない！」というのは、リーネさん。バタバタしている朝でも、部屋を整えてから家を出るのが習慣なのだとか。「小さな子どもがいるから、5分もすれば散らかっちゃうんだけどね。それでも、仕事がおわったあと、キレイに片付いている家に帰りたいの」

リーネさんの家は、夫婦ともにフルタイムの共働き。平日は忙しいので、簡単な拭き掃除や片付けだけ。土日に掃除機やモップがけをすることが多いそう。また、2週間に1回、掃除代行をお願いしています。普段なかなか手がまわらない、床のクリーニング、棚やキャビネットの拭き掃除などをお願いしているのだとか。北欧では子育て世代を中心として、掃除代行サービスを利用する家庭がどんどん増えているようです。

「掃除ができていない罪悪感を感じなくていいって、本当にすばらしいことだと思うの。安くないけれど、その価値は十分にあるわ」とリーネさん。

ふたりの話を聞いていたら、ノルウェーに住んでから、ひさびさに日本へ戻ってきたときのことを思い出しました。やったー！　日本だー！とうれしい気持ちがあるものの、どこに行ってもひとが多く感じ、看板や建物が次から次へと目に飛び込んできて、情報量の多さにクラクラしました。見慣れたはずの実家でさえ、モノが

キッチンは最後にさっと拭き掃除すると、気分もすっきり（リーネさん）

スティナさんの家はものが少ないので片付けるのも簡単。棚の中は、コードや電池などがごちゃっと収納しているところもありますが、扉を閉めれば隠れるのでよしとしています。棚の中までこだわらないのも、無理なく片付けが続くコツのよう。また、大きなかごがあれば、ブランケットをほうりこむだけで様になります

あふれているようで、居心地が悪く感じたのです。

北欧では、人も少なく、建物は低く密集していないので、視界に自然と入ってくるのはブルーの空の景色。そして、家に帰ると、ものが少なく、すっきりと片付いているのです。

そうか、家の中も、外も、北欧で目にする景色はどこも余白があったんだな……。その余白が気持ちに余裕をつくってくれていたことに帰国して気がつきました。

外はなかなか変えられないけれど、家は自分でコントロールできる場所。ノルウェーに住んでからは、家の中の景色はできるだけ心地いいものにしたいと思うようになりました。今ではわたしも、夫とともにせっせせと朝から片付けに励んでいます。

北欧の主婦たちに学ぶ、シンプルな節約術

北欧にいると、日常のあちこちで物価の高さを感じます。スーパーに行くと、500㎖のペットボトルの水が300円くらいしたり、トイレットペーパーも4ロールで500円くらいすることもしばしば。たいしたものを買っていないつもりでも、お会計がすぐに1万円を超えてしまうこともよくあります。

また、高いのはスーパーだけではありません。テイクアウトのコーヒーでも1杯600円くらいしますし、1000円ほどでランチをしようとすると選択肢もかなり限られてしまいます。

安くおいしいごはんとして、若者を中心に人気なのが中東料理のファラフェル。ひよこ豆とスパイスを混ぜて揚げたものを、サラダなどといっしょにピタパンでくるんで食べます。値段を気にせず気軽に食べられるので、北欧ではかなり貴重なお店です。日本に住んでいると、安くておいしいもの、便利なものがあちこちで見つ

節約中でも、食卓にお花を飾ることは欠かさない(リーネさん)

かりますが、北欧で楽しもうと思うと「事前の計画と準備」が必要だと感じます。

リーネさんは出かけるときは、コーヒーや水をボトルに入れて持参するそう。飲み物以外にも、クッキーやスナックも持って出かけます。また、ちょっと遠出をするときは、ソースを混ぜたらでき上がる、トマトパスタなどをサッと仕込んでお弁当箱につめて持って行くことも。「何気なく過ごしていたら、デンマークではお金がすぐになくなっちゃうのよ」とリーネさん。

出かけるときに持つものといえば、北欧ではスーパーのレジ袋も定番。レジで買うと1枚100円くらいするので、エコはもちろん、節約の観点からもレジ袋を持参して買い物をするのはあたりまえのようです。

また、リーネさんは節約のために5日分の献立を考えて、まとめて買い出しをするのが習慣。計画して買うことで、余計なものを買わずに済むと言います。さらなる節約のために、リーネさんは「毎日の小さなぜいたく品」を買うのをやめたこともあったのだとか。家に飾るお花、お気に入りのパン屋Brød（ブロード）のチーズパン、大好きなAnker（アンカー）のアイスクリーム……。どれもなくても過ごせるけれど、毎日のささやかな楽しみもいっしょになくなってしまい、自分には必要なものだとわかったと言います。そのかわり、洋服や雑貨の予算を減らしてみたら、こちらは無理なく続いているそう。

「洋服もインテリアも好きなのできっと難しいだろうと思っていたんだけど、そんなこともなくて。あらためて意識してみたら、必要なものはそんなに多くないとわかった」とリーネさん。

節約と聞くと、どうやって金額を抑えようか、どこで買い物したら安いかなど、方法論にばかり目がいきがちです。でも大事なのは、自分には何が必要なのか、また必要ではないのかと考えること。節約って、そういう、もっと根源的でシンプルなものなのかもしれません。

(a) 出かけるときによく持っていくセット。ボトル、お弁当、スナック、お弁当箱の上にあるのは子ども用チーズ(リーネさん) (b) (c)5日分のメニューを考えてから、スーパーへ買い出しに行くのが習慣(リーネさん)

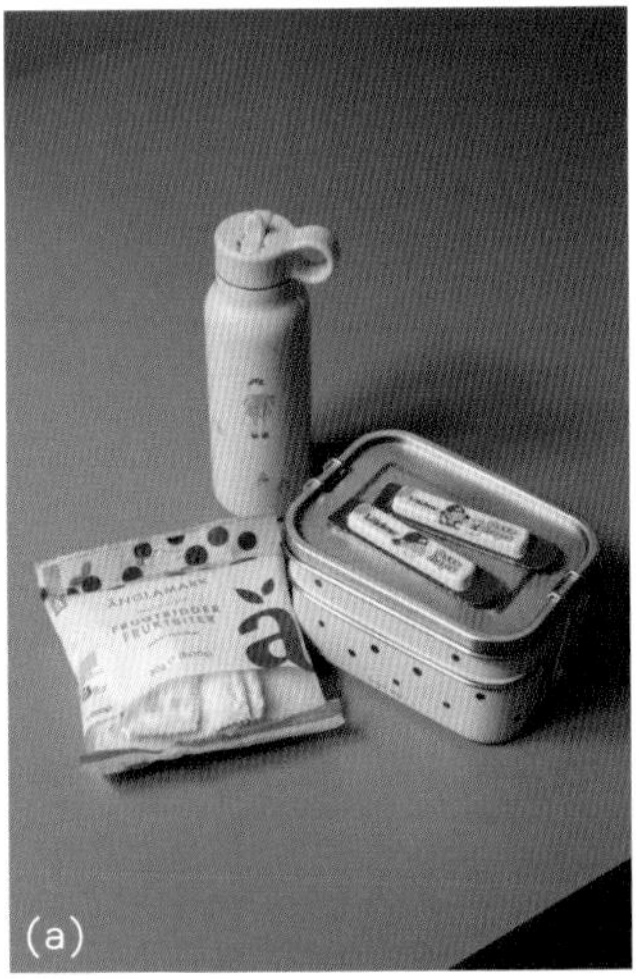

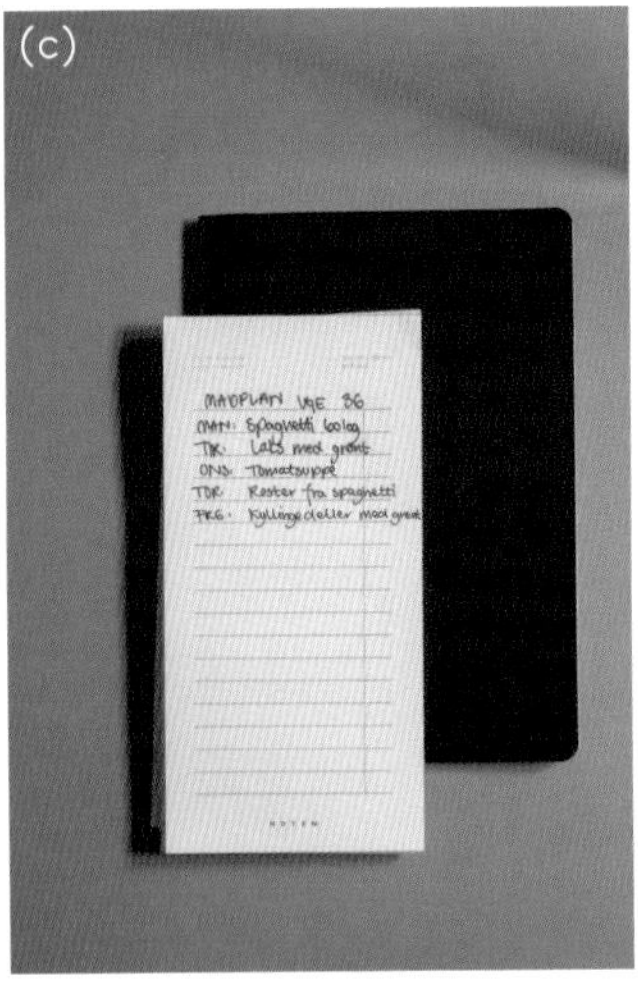

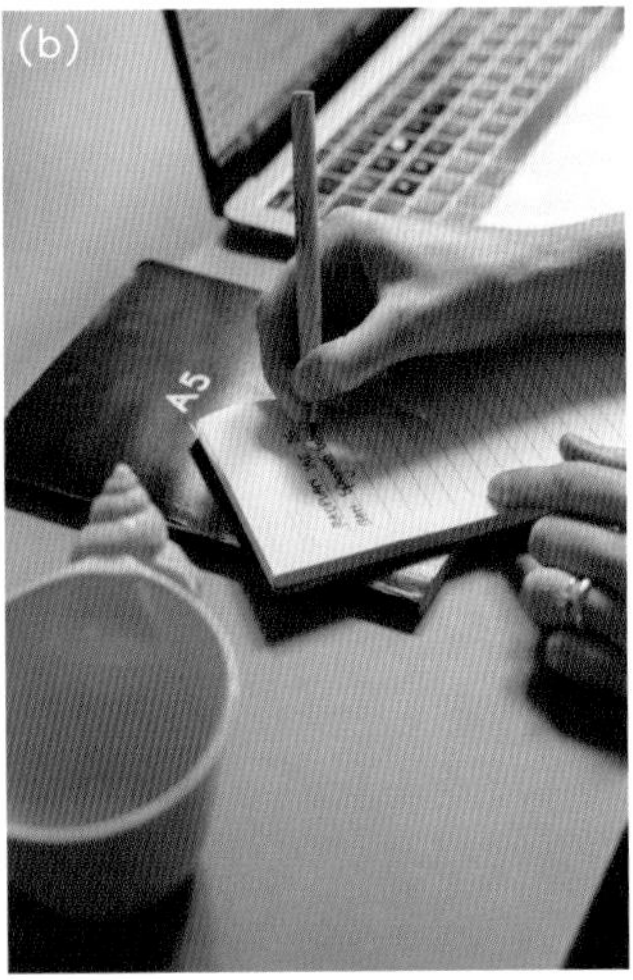

わたしたちも、家を買うかどうか迷っていたとき、「自分たちはこれからどうやって過ごしたいのか」を何度も何度も夫と話しました。こんなに将来のことを話したのははじめてだったかもしれません。

どんな家に住むか、どこに住むのかも大事だけれど、何よりも、生活する上で気持ちにも金銭的にも余裕があること。これがわたしたちには大事だということがわかりました。そこで、予算内で買える中古物件を探し、自分たちでリフォームすることを決意。今も直すべきところはたくさんありますし、家を買ってから目まぐるしい毎日ですが、「家」という大きな買い物で「自分たちの答え」が見つかったことに、誇らしい気持ちさえしています。

これからどうやって過ごしたいのか。じっくり自分たちの気持ちと向き合うと、自然とどこを節約するべきか見えてくるのかもしれません。

夫婦の家事シェアは、事前の計画でなんとか乗り切る

キッチンで子どもたちのおやつを準備するマッツさん（リーネさん宅）

北欧で夫婦共働きが増えてきたのは、1970年ごろのこと。わたしの親よりも前の世代からはじまっていたという事実に、あらためて驚きます。今では時短勤務を含めると、おおよそ9割のひとたちが子育てしながら働いている状況。共働きの毎日はとにかく忙しいので、北欧では男性もあたりまえに家事をしますし、また、できるだけ効率よくできるように家事の工夫をしているのです。

1) 必要な家事をぜんぶ書き出して、割り振る

ペルニッレさんの家では、月曜日と水曜日の料理は妻が担当。火、木、金曜日は夫の担当。夫が家や車のメンテナンスをするかわりに、日用品や必要な食材を日曜日にネットスーパーでオーダーするのは妻の担当。また、洗濯から乾燥までは妻が担当し、畳んで引き出しにしまうのは夫の担当。保育園に送るのは妻で、迎えに行くのは夫。

こんな感じに分担をひとつずつ決めることで、誰がやるのか?を考えずに動けるようになりますし、できるだけ夫婦で家事を平等に振り分けられるというわけです。

2） 毎日のスケジュールをカレンダーで共有する

北欧の多くの家庭では、子どもの習いごとの送り迎え、ゴミ捨ての担当、また、仕事のスケジュールなどもすべてカレンダーアプリで共有しています。朝ごはんを食べながら、夫婦でその日のスケジュールを確認。忙しかったら担当を替えることもできますし、あらためて1日のスケジュールを自分でも把握できるので、その日の予定が立てやすいのだとか。

3） 買い物リストを夫婦で共有する

買い物に行く時間を節約するため、日用品や食材の買い出しを1週間分まとめてするという家庭は北欧ではとても多いです。買い出しをスムーズにするために、多くの家庭では買い物リストをアプリなどを使って夫婦でシェアしています。「これ買っておいて」なんてやりとりをしなくていいですし、買い忘れもグンと減るのです。

4） 食洗機と洗濯乾燥機は必須アイテム

北欧の家庭にある食洗機はかなり大きく、1日の食器がぜんぶ入るほどのサイズ。1日に使った皿やコップは、夜に1回まとめて食洗機をまわせばいいようになっています。また、天気が悪い日も多い北欧では、洗濯乾燥機も必需品。いちいち干す手間がないので、大きな時間の削減になります。また、洗濯機も40から90℃くらいまで温度設定できるようになっているので、汚れも落ちやすく、手洗いもほとんどいらないのだとか。

5）家事の便利サービスを利用する

北欧でも、最近ではレシピつき食材宅配サービスが人気になってきています。日本でいうミールキットのような感じで、その日に使う食材とレシピが入っているもの。献立を考えたり買い出しをしたりする手間がいりません。1食500円前後でつくれる家庭料理から、1食1500円ほどのレストランで食べるような料理まで。最近では選択肢も増えているのだとか。また、掃除代行も子育て世代を中心にますます利用が増えています。ペルニッレさんとリーネさんも毎月2回、隔週でお願いしているそう。

わが家でも家事の便利サービス以外は取り入れています。特に「ぜんぶの家事を書き出して、割り振る」というのは、定期的にした方がいいと思うくらい、今では重要だと思うようになりました。

毎日忙しいと、わたしばっかりやっている……と夫にイライラしてしまうことも正直あります。でも、いざ、分担を見直してみると、夫もけっこう担当しているんだなと気がついたり。子育てや仕事の状況も日に日に変わるので、それぞれの担当を見直すいい機会になったり。また、日頃思っていることを徹底的に話す時間にもなっています。

ちなみに、北欧では家事は得意な方がすればいい、好きな方がすればいいと考えているひとが多いよう。スティナさんの家では夫のトーマスさんが料理好きなので、毎日の料理をすべて担当しています。食事後は、「ありがとう」と欠かさず伝えるというスティナさん。毎日のことでもあたりまえだと思わないことが、家事シェアをする上で大切だと教えてくれました。

子育ては手伝うものではなく、父親もいっしょにするもの(リーネさん宅)

松本の日々（家事編）

北欧のひとたちにならって、わが家でもすべての家事を書き出して夫婦で割り振るようになりました。ゴミ捨てから子どもの送り迎えまで。Googleカレンダーでそれぞれの担当を共有しています。うまくいく日はいいのですが、その日の忙しさや状況によって、うまく家事がまわらないこともしょっちゅうです。忙しいときは、夫の担当でも、わたしが子どもの送り迎えをすることもありますし、その逆も、もちろんあります。役割を決めているのは「あくまでも効率よく家事をするため」だと意識して、お互いに助け合う気持ちを忘れないようにしています。

ルールにとらわれすぎず、助け合う気持ちも大切に

家事シェアがうまくいかない。そんなときは、とにかく話します

家事のことで、夫との間にピリッとした空気が流れるときは、「夫婦で話す時間」をつくるようになりました。子どもが寝たあと、テレビはつけずに、最近考えていることや思っていることをとにかく話します。夫とはいっしょに過ごす時間が長いので、ついついお互いのことはわかっていると思いがちですが、実際に話してみると「こんなことを考えていたんだ……」と、はじめてわかることもけっこう多いのです。家事シェアに限らず、夫婦間で何かうまくいかないときは「とにかく話す」を大事にしています。

北欧はワンプレートが定番。わが家ではごはんの上におかずをのせちゃうことも

北欧の食卓ではワンプレートごはんが定番。じゃがいも、野菜、肉か魚のメイン料理の3種類がすべて1枚のお皿に盛り付けられているので、洗い物が少なくてラクなんです。わが家は和食が多いのですが、ワンプレートごはんにすることもあれば、白いごはんの上に直接のせることも。漬け物、きんぴら、卵焼き、ソーセージなどのおかずを少しずつ、ごはんにのせるだけ。いくつかの小鉢が並んでいる食卓にも憧れがありますが、今は子どもも小さく日々バタバタしているので、洗い物が増えないことを優先してもいいと思うようになりました。

料理は毎日のこと。ご機嫌に続けられる方法を優先

平日はレシピを見なくてもつくれる、定番メニューをリピートしています。スーパーのお惣菜やでき合いのものに助けてもらうこともよくあります。頑張ってつくろうとして、イライラしてしまうくらいなら、お手軽な料理でも自分がご機嫌でいられることを優先した方が、家族のためにもなると思うようになりました。でも、休みの日は、新しいレシピに挑戦したり、できるだけ野菜をたくさん使った料理をつくったりしています。こんなふうに緩急をつけることが、わが家では料理を楽しく続けるのに、ちょうどいいバランスのようです。

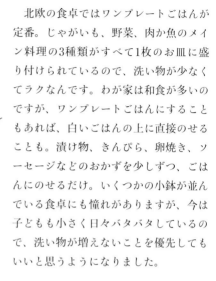

金曜日はタコスの日。
手軽で
家族が好きなメニュー

北欧では献立を考える手間を省くために、金曜日は「タコス」と決めている家庭が多いのです。簡単につくれて、家族みんなが好きなメニュー。タコスはひき肉を市販のタコスの素で炒めて、タコスの皮(トルティーヤ)をフライパンで温めたらできあがり。あとは、好きな野菜をカットするだけです。ちなみに、バナナやオレンジなどの果物もはさんで食べるのがスウェーデン流。わが家でも金曜日はタコスか、テイクアウトピザが定番になりました。ひとつでも献立が決まっているとラクですし、週の終わりで疲れている日にぴったりなお助けメニューです。

Opdragelse af børn

Uppfostran av barn

3

子育てのこと

北欧の子どもは静か？親の気持ちが伝わる

子どもたちといっしょに、東京から松本へ向かう電車、あずさに乗っていたときの話です。夕方の車内は、仕事帰りのスーツを着たひとで混雑しています。しばらくは大人しくしていた子どもたちも、ひまになったのか、途中から、あー！とか、キャー！と大声を出しはじめて、焦るわたしと夫。「シーーー、静かにしようね」と、冷や汗をかきながら、子どもたちをなだめるのに必死だったのを覚えています。いや〜、たいへんでした。

そういえば、北欧の子どもたちは、落ち着いていたような……。小学生くらいの子が集まっている場面でも、ワーワー大騒ぎしたりしていることもあまりなく、大人と同じようなトーンでたんたんと話している印象。それに、小さい子でさえも、グズって大泣きしているのを、ほとんど見たことがない気がするのです。不思議に

保育園や学校から帰ってきた、子どもたちの話を聞くのがいつも楽しみというペルニッレさん

思って夫に聞いてみると、こんな返事がかえってきました。
「状況にもよると思うけど、そう言われてみると、静かかもねぇ。親が落ち着いているから、子どもも落ち着いているんじゃない？」

夫の言葉を聞いてハッとしました。というのも、こわい顔で子どもに怒っている自分の姿が頭に浮かんできたのです。

それと比べて、感情的に怒鳴っている親を北欧ではほとんど見たことがないかもしれない。それには理由もあっ

子どもと同じ目線でいつも話しかけるようにしているリーネさん

て、北欧では子どもが恐怖を感じるあらゆることが法律で禁止されているのです。叩いたりする体への暴力はもちろん、大きな声で怒って子どもに恐怖を与える、言葉の暴力も禁止。頭ごなしに怒鳴っている親がいると虐待と見なされて通報されることさえあるのだとか。

でも、子どもが言うことを聞いてくれず、困っているのはきっと北欧の親だって同じはず。それでは、子どもたちがグズっているときに、どうやって対応しているのでしょうか。リーネさんに聞いてみることにしました。

たとえば、保育園からの帰り道、子どもがアイスクリームを食べたがったとする。でも、夕飯の前だから親はアイスクリームを買いたくない。こんなシチュエーションでどう対応しますか？

「まずはしゃがんで、子どもと同じ目線で話しかけるの。食べたいよね？　気持ちはママもわかるよ。でも、今食べたら、お腹《なか》いっぱいになって夕飯食べられなくなっちゃうでしょ？　だから、今日はやめておこうね。こんな感じに、わかってくれるまで説明するの」とリーネさん。

でも、冷静に話をしても、わかってくれないときはどうするのでしょうか？

「わかってもらえないことも、もちろんある。でも、一度決めたら、考えは変えないようにしているの。どうしても納得してもらえないときは、今日はダメだけど週末に食べようねと約束して、お互いのいい落としどころをみつけるようにしているかな」とリーネさん。

北欧の親たちも悩んでいるのはやっぱり同じようです。劇的な解決方法があるわけではないけれど、たとえ時間がかかっても、「子どもたちが納得するまで辛抱強く話をする」というのを大事にしているんだなと感じます。

「ついつい、子どもたちに大きな声で怒ってしまうことがあるんだよね」とリーネさんに話すと、「わたしにだって、あるわよ〜」と返事がかえってきました。「言いすぎちゃって、落ち込むこともあるの。でも、そんなときは、子どもの目を見てごめんねって言って、ぎゅーっとするの」とリーネさん。

ついついカッとなって子どもたちに怒ってしまうときは、あとからもやもやと罪悪感も残ってしまい、ものすごくエネルギーを使います。同じエネルギーなら、子どもたちと向き合って話すことに使いたいな。そして、どんなときでも自分が間違ったと思ったら、ごめんねと言って、ぎゅーっとしよう。これができていたら、きっと大丈夫な気がしてきました。

子どもに教えようとしない。そのままでいい、北欧の自然体な子育て

4歳の娘は、なかなか意志を曲げようとしません。あそこに行きたい！　これがしたい！と決めたら、説得するのに毎回ひと苦労。正直、困っています。

先日、スウェーデンに住む夫の両親とテレビ電話で話をしていたら、こんなことを義理の父が言っていました。

「意志が強いのはいいことだよ。自分を助けてくれるから。もちろん、大人はたいへんだけどね」と。

そうか……、これはいいことなのか。そう思うだけで、ちょっと気持ちがラクになったのでした。

そういえば、北欧の親たちと話をしていると、「気持ちを言葉にすること」が子育ての中心にあるように感じます。夫も子どものころ、「あなたはどうしたいの？」とよく親から聞かれていたのだとか。自分の考えを言葉にするまで、両親は辛抱強

スティナさんの娘、パヤちゃんの好きが詰まったデスクとおもちゃ箱。絵を描く道具や工作したものがたくさん並んでいます

子どもたちと本を読むリーネさん

く待っていてくれたと言います。また、フィンランドの家庭でも学校でもよく聞かれるのは、「Miksi?（ミクシ？）」。「なぜ？　あなたはなんでそう思うの？」という感じで使われるのだとか。

子どもだって自分の考えを持っている。北欧では、子どもも「ひとりの個人」として捉えられていて、大人たちは子ども扱いしないように意識しています。そして、親は子どもが気持ちを表現するのを「助ける」役割。教えるというよりも、選択肢を用意したり、子どもの気持ちに耳を傾けるのが大事だと考えられているようです。北欧の会社は上下関係がなく、「フラット」だとよくいわれるのですが、それは親と子でも同じなのかもしれません。

そういえば、子育ての話をしていたとき、スティナさんがこんなことを言っていました。

「子どもたちは親に褒められたいから、親が褒めるだろうことをするでしょ？ だから、わたしは褒めすぎないようにしているの」

ドキッとする言葉です。それでは、子どもたちが絵を描いたときに、具体的にどう接しているのか聞いてみました。スティナさんは褒める代わりに、こんなことを言うのだとか。

「これを描こうと思ったのはどうして？」「どうしてこの色を選んだの？」「ここに描いてあるのは何？」

ただ褒めるのではなく、子どもたちが持っているイマジネーションが広がるような声がけをするようにしているのだとか。「親の意見を子どもに押しつけたくないの。小さなことだけれど、意識しているとしていないとでは、全然ちがうと思う」とスティナさん。

親の意見を押しつけない。

これも北欧の子育てではあらゆる場面で大事にされているのを感じます。男の子がピンクを好きでもいいし、プリンセスを好きでもいい。

あなたは何が好きなの？　何を感じているの？と耳を傾けることを大切に考えているのです。頭ではわかっていても、なかなか行動で示すのはむずかしいのですが、親が勝手に決めてしまっていることはないか、ときどき立ち止まって考えてみることが大事なのかなと思います。

北欧の子育てを聞いていると、親が子どもに何かしてあげるというよりも、子どもが持っているものを信じよう、そのままの自然体でいいんだよと教えられているように感じます。

わたしもまっさらな目で、子どもたちのキラキラした世界をいっしょに眺めていきたいです。

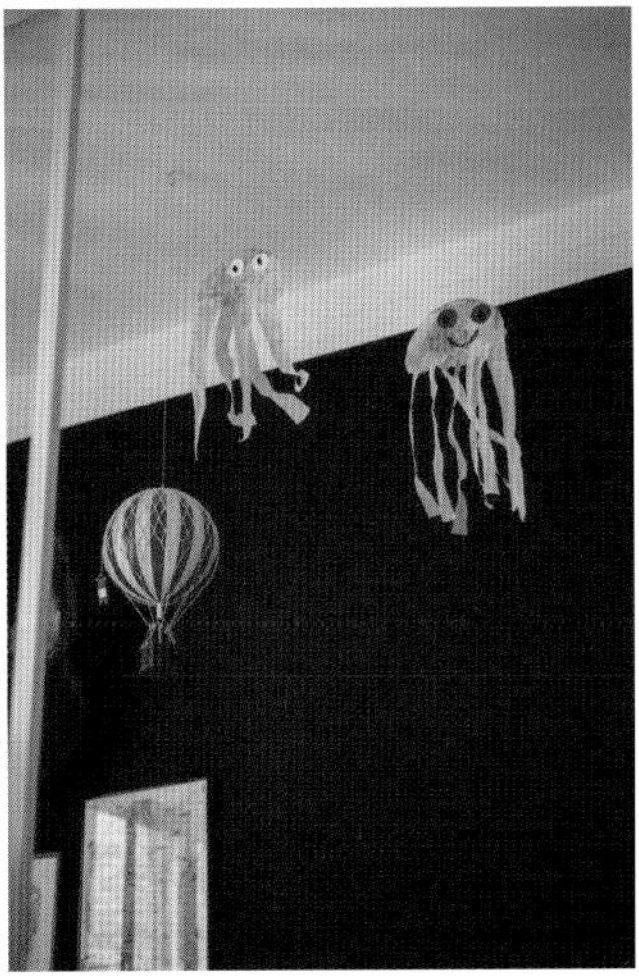

子どもたちが描いた絵や作品は扉や壁に自由に飾られています。「子どもたちが持っているイマジネーションを広げてあげたい」とスティナさん（上2枚：ペルニッレさん、下：スティナさん）

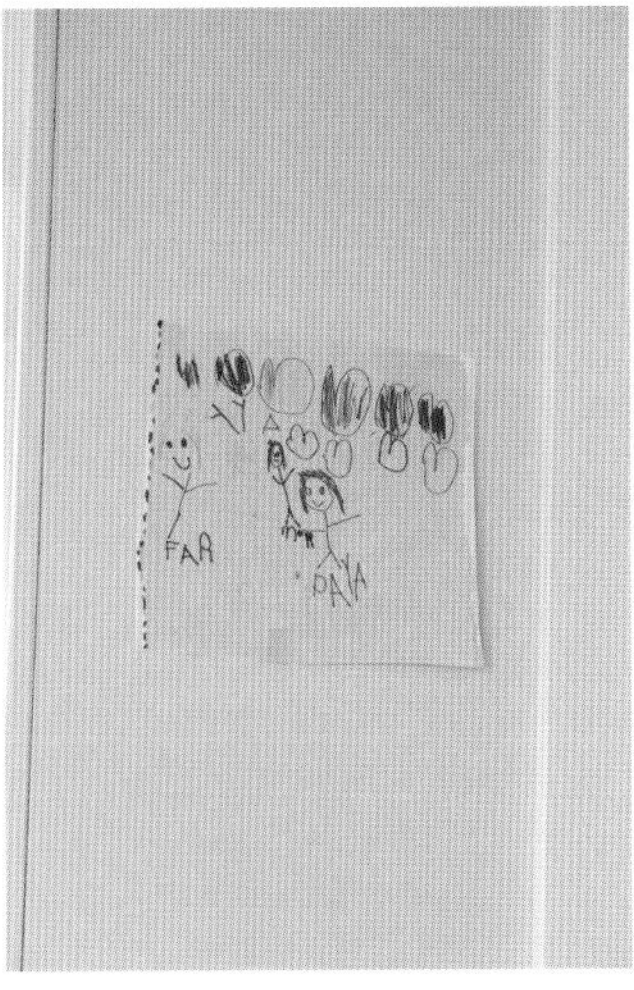

北欧のひとは感じてる？
仕事や子育ての
ちいさな罪悪感

あぁ、今日も仕事がおわらなかった。

そんな日が最近よくあります。子どもたちと遊びながらも、頭の中はぐるぐると仕事のことがめぐっていて、うわの空。ちょっとだけでもとメールを書こうとするも、ママー！と呼ばれて、パソコンを再び閉じる。仕事も家事も育児も、ぜんぶが中途半端で、そんな自分に落ち込むこともしょっちゅうです。

リーネさんはエヴィちゃんが11か月のときに、仕事復帰をしました。子どもが小さいうちは、勤務時間を短くしたり、働く日数自体を減らすのが北欧では一般的なのですが、リーネさんの会社ではすぐに適したひとがみつからず、現在はフルタイムの勤務。週に2日はオフィスに通い、3日は自宅で仕事をしています。

在宅勤務はダイニングのテーブルで。土日は家族でゆっくり過ごせるように、家で仕事の日は休憩時間に洗濯をしたり、近くのスーパーで買い出しをすることも(リーネさん)

8時半から子どもを預けて、迎えにいくのは15時半。マッツさんと交代で送り迎えをしているそう。子どもが帰ってきてからは、公園で遊んだり、夕飯を食べたりして、子どもたちがベッドに向かうのはだいたい夜の7時くらい。寝かしつけがおわったあとに、残っている仕事に向かうのだとか。

「今は子どもが生活の中心なの。働く時間帯が自由だし、自宅から仕事ができる環境があって助かっているわ。でも、寝かしつけがうまくいかないときは、さすがにたいへんだけどね」とリーネさん。

子どもが寝たあとにも仕事をしているなんて、想像していたよりも忙しそうな毎日にちょっとびっくりしたのでした。北欧は環境が整っているものの、子育てしながら働くのがたいへんなのは、わたしたちと同じようです。

仕事、家事、育児が中途半端だと感じることはあるか？ リーネさんに聞いてみると、こんな返事がかえってきました。

「もちろんあるわよ。子どもが小さいうちは、みんなそうなんじゃない？」

想像していたよりも、さっぱりした返事に再び驚いたのでした。北欧のひとたちが軽やかに見えるのは、わたしたちよりも少し、「家事や育児の罪悪感」から自由だからなのかもしれません。

たとえば、友人が毎日料理をきちんとつくっていても、「へー、すごいねぇ」とただその事実を受け止める。また、誰かとちがう意見だったとしても、「そんな考え方もあるんだね」とひとつの意見としてただ聞く。

自分と誰かを比べようとしないし、他のひとの目も気にしすぎない。北欧のひとたちを見ていると、「自分が中心にある」と感じます。これが生きていく上であらゆることをラクにしてくれていると思うのです。

自分のことを振り返ってみると、料理がちゃんとつくれていない、子どもとだって向き合えていないと落ち込むときは、誰かと比べて「こうあるべきだ」と考えてしまうときのような気がします。

自分がいいと思ったら、それでいい。ぜんぶできていない自分を受け入れる。これがわたしたちに少しだけ必要なエッセンスなんだろうなと思います。

子育ては両親ふたりのもの。北欧のパパたちの子育て事情

北欧の公園やカフェに行くと、赤ちゃんを連れたパパたちをよく見かけます。実はこれは、育児休暇中のパパたちなのです。ベビーカーを押したり、抱っこひもをつけたりしながら、カフェラテを片手に子どもを連れて集っていることが多いので、スウェーデンでは愛情をこめて「ラテパパ」と呼ばれています。「昨日は何度も子どもが起きて、ねむれなかった」「ごはんつくったのに、全然食べてくれないんだよ」なんて会話がパパたちの間でなされているんでしょうか。父親も育児休暇を取ることがあたりまえの北欧では、こんな風景をよく見かけます。

北欧の中でも国によって育児休暇の制度は多少ちがいますが、スウェーデンの育児休暇は両親合わせて480日。子どもが8歳になるまでに消化すればいいことになっているので、取得方法も家庭によってさまざま。スウェーデンに住む友人は、

(a) エヴィちゃんが11か月のときにリーネさんと交代で、マッツさんが育児休暇を取得 (b) ペルニッレさん一家は、朝、学校や保育園に行く前に、家族で過ごす時間をつくっています (c) 住んでいる集合住宅の中庭で子どもと遊ぶリーネさんとマッツさん

母親が10か月取得したあと、仕事に復帰しました。そのあとは、父親がひとりで3か月ほど育児休暇を取得し、赤ちゃんが1歳になるころに、保育園に通わせはじめたのだとか。残った育児休暇は、夏休みにくっつけて消化する予定だそう。これはスウェーデンでは、よくある育児休暇の取得パターンなのです。

子どもが1歳になるまでに、父親がひとりで子育てをするタイミングがあるので、オムツ替えから、食事、寝かしつけ、お出かけバッグの荷づくりまで、ひと通りできるようになっていないといけません。これが、北欧の父親たちがあたりまえのように「自分ごと」として育児に取り組む理由のひとつのようです。

育児休暇480日の中の90日間は父親に、90日間は母親に割り当てられ、取らなければその分の休暇はなくなることになっているのも、男性の取得率を上げている大きな要因。男性が90日間取得しない場合は、その期間の給付金がもらえないというルールまであり、「休まないといけない環境」がちゃんと整っているのです。

ちなみにアイスランドでは母親、父親とも子どもひとりにつき、6か月ずつの育児休暇を持っていて、このうち6週間のみお互いに譲ることができるように2年前に法律が変わりました。つまり、4か月半、父親が育児休暇を取得しないと、この分の休暇は消えてしまうというわけです。アイスランドのルールが、北欧の中でも父親の育児休暇の日数がいちばん多いという状況。デンマークでも父親の育児休暇の日数が2週間から11週間に昨年増えたばかりです。ますます、父親が自然と育児に取り組める環境が北欧では整ってきています。

いったん北欧のことを置いておいて、わが家の話をさせてもらうと、わたしたちは日本で出産をしました。夫はフリーランスで働いていて、できるだけ仕事を抑えてもらっていたものの、実際に完全に休めたのは産後の2週間のみ。夫の両親はスウェーデン、わたしの両親は自宅から車でも3時間かかる距離ということもあり、育児の中心を担うのはわたしでした。とはいっても、夫は自宅で仕事をしていたこともあり、オムツ替えから寝かしつけ、お風呂入れまでひととおりのことはいっしょにやっていました。

すべてがはじめてだらけの毎日に戸惑い、片付けても片付けても散らかる部屋にイライラしたり、つくったごはんを子どもが食べてくれずに落ち込んだり。自分の時間が取れないことにもやもやした日もありました。また、それとは反対に、寝かしつけがうまくいったときはハイタッチで喜び、子どもの寝顔をかわいいねぇとしばらくいっしょに眺めていたことも。

「幸せ」と「辛《つら》さ」がごちゃまぜだったあの日々を、夫とふたりで共有できたことは、ちょっとおおげさかもしれませんが、これから人生をいっしょに過ごしていく中で、お守りみたいなものになっていくんじゃないかなと思っています。

北欧のひとたちが夫婦の育児を大事にする理由もこんなところにあるのかもしれません。

北欧
mini
コラム

子どものことは
子どもが決める

スウェーデン人の夫は子どもの習い事について、「子どもが習いたいと言ったらはじめよう」という感じで、かなりゆるく構えています。北欧では「子どもの気持ち」を何よりも大事にしていて、親が先まわりして動くことをあまりポジティブに捉えていないようです。今、子育てをしている松本では、娘と同じ年（4歳）の友だちがバレエを習いはじめたり、KUMONに通っていると聞いたりすることも増えてきて、ちょっと焦る気持ちも正直ありました。でも、子どもの「好き」が見つかるまで、気長に待ってみようと思います。

子どもが嫌いな食べものは、
無理して食べなくてもいい

スウェーデンの学校給食はバイキング形式で、好きなものだけ取るというスタイル。野菜をあまり取らない子もいますが、苦手なものは無理して食べなくていいと考えているひとが北欧では多いようです。

リーネさんのおうちでは「一度は食べてみる」というのが子どもとのルール。一度食べて嫌いだったら、そのあとはそもそもお皿に盛りつけないのだとか。栄養あるものを食べさせなくちゃ、好き嫌いをなくさせなくちゃ、と気を張っていたのですが、これくらいお気楽でもいいのかもと思えてきました。

大好きな
北欧の絵本

わたし自身が楽しむために読んだり、
子どもたちに読み聞かせたりしている北欧の絵本。
わが家の絵本の2割は北欧のものです。
その中から大好きな6冊をご紹介します。

『ロッタちゃんとじてんしゃ』

5歳の誕生日に自転車がほしくて、いたずらを計画するロッタちゃん。お転婆でなまいきなロッタちゃんは、読んでいるとどこか、わが家の娘と似ているところがある気がしてほほえましい気持ちになるのです。スウェーデンの街や家の様子がとにかくかわいくて、ページをめくるたびに、楽しい気持ちになります。

アストリッド・リンドグレーン(作)、イロン・ヴィークランド(絵)、やまむろしずか(訳)／偕成社

『しごとを とりかえた だんなさん』

小さな家に住む若い夫婦のお話。妻は家事をし、夫は畑作業が仕事です。ところがある日、妻ばかりラクをしていると不満をもらしたことがきっかけで、ふたりの仕事を交換することに。そこから、夫が家事の大変さを知るというストーリー。昔話なのに、夫婦の家事分担がテーマというのも、なんとも北欧らしいなと感じます。

ウィリアム・ウィースナー(作・絵)、あきのしょういちろう(訳)／童話館出版

『アンナちゃん、なにがみえた？』

好奇心旺盛で、元気いっぱいなアンナちゃんが主人公。のっぽのおじさんの帽子に乗せてもらうと、いろんなものが見えてくるというお話。いつもの暮らしをちょっと引いて違う角度から見ているような気分になります。ストーリーもわかりやすく、絵もかわいくて、読んで読んで！とたびたび言われる、娘の大好きな1冊です。

インゲル・サンドベリ(作)、ラッセ・サンドベリ(絵)、きむらゆりこ(訳)／ポプラ社

※現在は販売しておりません。

ノルウェー　スウェーデン

『小さなスプーンおばさん』

テレビのアニメでよく見ていたスプーンおばさんがノルウェーの物語だと知り、うれしくなって読み返しました。ある日突然、ティースプーンほどの小ささになったおばさん。ところがちっとも動じることなく、動物たちに家の掃除を手伝ってもらったり、パンケーキまでつくってしまったり。おばさんのアイデアとユーモラスさに毎回クスッと笑ってしまうのです。

アルフ・プリョイセン（作）、ビョールン・ベルイ（絵）、大塚勇三（訳）／Gakken

『もりのこびとたち』

森の奥に住んでいるといわれるこびとたちの1年の暮らしがわかる絵本。季節ごとに移り変わる自然の美しさがていねいに描かれています。本を読んだあとは、こびとたちの真似をして、「キノコ、どこかなあ？」と庭中探しはじめる娘。庭のどこかにこびとが住んでいると信じているよう。子どもたちの想像をむくむくと広げてくれる絵本です。

エルサ・ベスコフ（作・絵）、大塚勇三（訳）／福音館書店

『やかまし村の子どもたち』

小さな村には家が3軒だけ。子どもはたったの6人。でも、子どもたちは退屈することはなさそうです。隠れ家をつくったり、変装ごっこをしたり、毎日遊ぶことに大忙し。身近にあるもので工夫して、楽しみを見出す様子にいつもわくわくするのです。娘がもう少し大きくなったら、1日1話読んであげたいなと思っています。

アストリッド・リンドグレーン（作）、イロン・ヴィークランド（絵）、大塚勇三（訳）／岩波少年文庫

松本の日々

（子育て編）

子どもも小さな大人。話し合うことで解決する

北欧では「大人にしないことは子どもにしない」と意識しているひとが多いようです。怒って教えるのではなく、子どもの話をたくさん聞いて、たくさん話して、納得することを大事にしていると感じます。わたしの場合、子どもに感情的になってしまうときは、仕事や家事に追われているときが多いことがわかってきました。そう気がついてからは、できるだけ子どもがいない間や寝ている時間に仕事を終わらせられるようにしたり、家事を進めておくようになりました。子どもとちゃんと向き合うには、親の気持ちの余裕が必要だと感じます。

夫が子どものとき、自分の気持ちを言葉にできるまで、両親は辛抱強く待ってくれていたそうです。「何をして遊ぶのか？」ということから、「今、なんで泣いているのか？」ということまで。何度も聞かれているうちに、自分と向き合って考える習慣が身についたと言います。子どもたちには、自分の気持ちや感覚を大事にしてほしいので、小さなことでも「どうしたいのか？」を聞くように。実際に試してみると、子どもが自分の意見を持って決めたときは、ご機嫌に過ごすこともわかってきました。小さなことでも、自分で決めるって大事なんだなと感じます。

『長くつ下のピッピ』などを生み出した、スウェーデンの作家であるアストリッド・リンドグレーンさんの大きな功績は、すばらしい物語を生み出したことだけではありません。子どもの権利保護を訴える世界のオピニオンリーダーとしての活動も世に影響を与えました。ドイツ書店協会平和賞授賞式では暴力は絶対にダメ！というスピーチをし、これがきっかけとなり、1979年に世界ではじめて子どもへの体罰を禁止した法律がスウェーデンでできたのです。叩くなどの暴力はもちろん、言葉の暴力も含めて、子どもが恐怖を感じるあらゆることが法律で禁止されることになりました。

特別なことをしなくても、子どもはちゃんと育つ

リンドグレーンさんの言葉でとても好きなものがあります。

「子どもに愛、たくさんの愛、あふれるぐらいの愛情をかけると、自然と正しく考える力が身につくのです」

リンドグレーンの言葉は、スウェーデンの『Husmodern』誌に1948年に掲載された討論より引用。https://www.astridlindgren.com/。スウェーデン語からの日本語訳は、オリバー・ルンドクイスト

たとえ子どもとゆっくり過ごす時間が取れなくても、ちゃんと料理がつくれていなくても、家が散らかっていても、親の愛が伝わっていたら、子どもは大丈夫。そんな意味が込められている言葉なのかなと思います。

仕事が忙しくてバタバタしてしまうときは、この言葉を思い出し、家事よりも子どもと過ごす時間を優先したり、子どもをぎゅーっと抱きしめたりしています。

Hverdagsliv
Vardagsliv

4

暮らしのこと

仕事のためにもしっかり休む。北欧の1か月の夏休み

この本をつくることが決まり、北欧に住む方たちと連絡を取りはじめたのは春ごろのこと。順調に進んでいたのに、ある日を境に、パタリと連絡がつかなくなってしまいました。

あれ……、どうしたんだろう……。撮影の日程を決めようと思っていた矢先のできごとでした。困っているわたしを見て、スウェーデン人の夫が一言。「そりゃ、そうでしょ。だってもう夏休みがはじまっているからね」と。

自分でも気づくのが遅くていやになるのですが、北欧では7月はバケーションシーズン。子どもの夏休みに合わせて、1か月ほど休暇を取るひとも多いのです。

休むときは、完全に休むべきである。北欧ではそんなふうに考えているひとも多いよう。休みの期間は仕事はしない、メールも見ないと決めているひともけっこういます。ちなみに、わたしが待ってい

たいくつかの返信が戻ってきたのも、ちょうど夏休みがおわった8月半ばごろ。毎日のように返信きたかな？とメールボックスをのぞいてしまうわたしには、この北欧の夏休みはなかなか慣れそうもありません。

ところで、北欧では1か月の休みがどうして成り立つのでしょうか。それぞれ会社によって多少ちがいますが、ノルウェーのウェブ会社で現在も働いている、夫の休みの取り方をここでご紹介してみたいと思います。

夫が契約している会社の有給休暇は、年に5週間。4週間はまとめて7月から8月に取り、残りの1週間はクリスマスに合わせて年末に取るのがよくあるパターン。有給を取得するときも、1日や2日はめずらしく、1週間単位で休みを取るのがほとんど。「今年は夏に何週間休み取るの？」なんて会話がよく聞こえてきます。

この会社には、同じチームのスタッフ間で共有している「有給休暇管理表」と呼ぶものがあります。だいたい4月ごろから、遅くても5月までには希望の休暇スケジュールを管理表に入力するのがルール。「同じタイミングで全員は休まない」というのがポイントで、絶対に外せない予定があるひとは早めに入力するようになっています。また、子どもがいないなど、スケジュールに融通の利くひとは、みんなとちがうタイミングで休むことも多いのだとか。

つまり、「同じチームの中で誰かひとりは必ず働いている」という環境ができているというわけです。そのひとりが重要な案件の返信をし、どうしてもという場合は休みのひとに連絡を取っています。

とはいっても、大体のケースは「担当者が休みでいない」と伝えると理解してくれるそう。「この時期の不便はお互い様。夏休みはいろいろ進まないのもしょうがないよね」とみんなが受け入れていることが、長い休みが成立するいちばんの理由かもしれません。

去年は、娘の幼稚園の夏休みに合わせて、夫も1か月間休みを取りました。2週間くらい経つと、「そろそろ働きたいかも……」とぼやいている日もあったほど。

日本の働き方に慣れている夫には、1か月はかなり長かったようです。ちなみに、夫の会社では夏休み明けの9月、10月が1年の中でいちばん忙しい時期。夫も夏休み後には新しいプロジェクトが次々とはじまり、毎日忙しそうです。

北欧では「しっかり休むことが、仕事の効率アップにつながる」とよく言われています。

夏休み明け、よし、やるぞー!と、エンジン全開でパソコンに向かう夫の姿を見ていると、あながち間違っていないような気がするのでした。

北欧では歩きスマホを見かけない？上手につき合うルール

信号待ちの時間。料理をつくっている時間。公園にいる時間。

何か用があるわけでもないのに、ちょっと手持ちぶさたになると、するするとスマートフォンに手が伸びていく。そんな自分にも、ちょっとした罪悪感を感じているのに、やめられない。最近、ぼーっと何も考えずに過ごす時間って、ほとんどないかもしれません。

そんなことを考えていたら、東京に住んでいる友人からメッセージが届きました。

「ひさしぶりにストックホルムに行ったら、歩きスマホしているひとがほとんどいなくてびっくり！　子どもといっしょに公園に行ったんだけど、スマホをずっと見ている親もやっぱり少ない気がするんだよねぇ。なんか人間らしいというか、自然だなぁと思ったよ」

ペルニッレさん宅の子どもたちがiPadを使っていいのは、週に2回、1時間だけ。例外として、長距離移動の車内では使ってもいいことに

人間らしいという言葉にドキッとします。友人の話を聞いて、まず、頭に浮かんだのは北欧の家では食事中にテレビをつけているのを見たことがないこと。もちろん、北欧のひとたちもテレビを見るのが好きなのですが、食事の時間とおやつの時間は「会話を楽しむ時間」と捉えていて、テレビは消している家庭がほとんど。そんな彼らの暮らしぶりを思い出すと、ちょっとしたことで、時間の使い方が変わるような気がしてきます。

家族の時間、会話の時間を何よりも大事にしている北欧のひとたちは、彼らなりの上手なスマホとのつき合い方があるのかもしれない。

そんな期待を持ちながら、リーネさんに聞いてみると、「わたしも毎日スマートフォン見過ぎているわよ〜」とあっさり言われてしまい、安心するやら、がっかりするやら。日常から切っても切れないものになっているのは、やはりどこの国でも同じようです。

でもよくよく話を聞いてみると、以前からずっと危機感は持っているそう。リーネさんはサイドビジネスをしていることもあり、インスタグラムやブログなどのプライベートな投稿も「仕事」と捉えて、極力仕事時間内に投稿をすませていたり。子どもといっしょにいる時間はスマートフォンは見ないと決めていたり。また、毎日少なくとも1時間は「スマートフォンを見ない」という時間をつくり、棚の上に置いておくのだそう。「小さなことだけれど、意識するとしないでは大きくちがう」と、リーネさん。

「子どもがiPadを使う日と、使わない日をつくってみたら、iPadを見ている日はすごく怒りっぽくなることがわかった」と話すのはペルニッレさん。一時期はiPadはしばらくお休みにしていたものの、子どもたちの気持ちを尊重したいとの思いもあり、今は週に2回、1時間だけと決めているのだとか。時間になると画面にロックがかかるように設定しているそう。「家族いっしょにいる時間は、会話をしたり映画を見たり、家族で同じ時間を過ごしたいなと思って。子どもの成長とともにいろいろ試しているところなの」。

「これをしたら画期的に変わる」という方法はないのかもしれません。でも、危機感の意識が高いというのはみんなに共通しているように感じます。

さっそく、わが家でも、デジタル生活のルールをつくってみることにしました。まずは、インスタグラムやフェイスブックなどの緊急性が低いものの通知はオフにすること。また、夜の6時半から朝の8時までは通知が来ないように、おやすみタイマーの時間を見直しました。この時間は完全に見ないというわけではないのですが、「意識をして見ないようにする時間」としています。また、テレビをつけるのは本当に見たいものがあるときだけ。暇だから、なんとなく見るのはやめました。

あらためてルールを書いてみると、どれもこれも基本的なことばかり。まるで、子どものルールみたいだなぁと自分でも思います。でも、今までは情報を受け取るばかりだった時間で、夫とゆっくり話をしたり、読みたかった本を読めたり。自分が本来必要だった時間が、少しずつ戻ってきています。

意識をして、自分なりのルールを決める。たったこれだけのことなのに、わが家に小さな革命が起きています。

贈り物もユーズド？日常に中古品があたりまえにある

いつもはお財布のひもが固い北欧のひとたちが、ウキウキと買い物をするお店があります。それは、セカンドハンドショップ。北欧は物価が高く、日本と比べるとお店の選択肢にも限りがあり、ショッピングが「娯楽」とはあまりいえません。そんな中、セカンドハンドショップは食器から洋服や家具まで、探せば安くていいものが見つかる貴重な存在。

土日になると、スウェーデン語でLoppis（ロッピス）と呼ばれる蚤《のみ》の市が各地で開催され、街には何軒も古道具のお店があったり。また、ショッピングモールの中にも、セカンドハンドの店舗が入っていたり。北欧では、ユーズドアイテムが買い物の選択肢のひとつとして、あたりまえに日常にあるのです。

こんなことがありました。スウェーデンにいる親戚たちで集まるクリスマスパーティで、叔母がプレゼントにと持ってきたのは、蚤の市で見つけたマグカップやオブジエ。「これ好きそう！」とピンときて、選んでくれたのだとか。贈り物は「新しいものでないと」と、どこかで思っていたわたしはちょっとびっくり。でも、新品では見つからないものを贈り物にするって、ロマンチックですし、いいアイデアだなぁと思います。

また、家の中でもユーズドアイテムはあちこちで見つかります。どこの家にお邪魔しても、「これは両親から譲ってもらった」という家具が必ずひとつは置いてあるのです。ペルニッレさんの家にある書類棚は、お母さんが働いていた歯医者さんで使っていたもの。また、ダイニングにある椅子と棚は、祖母から譲り受けたものなのだとか。北欧では築１００年ほどの家も多く、新しいものよりも、古いものの方が家に合うと考えているひとも多いようです。

最近は北欧でもますますエコの意識が高まってきていて、お店でもさまざまな取り組みが進んでいます。

祖母から譲り受けたキャビネットには、古い道具がよく合います（ペルニッレさん）

北欧の子どもたちが、みんな1着は持っていると思われるLINDEX（リンデックス）というブランドの洋服。裏側を見てみると、名前のタグが3枚縫いつけられているんです。サイズが小さくなったら、タグを切って、次の子に渡せるという仕組み。シンプルで理にかなっていて、すごく北欧らしい発想だなぁと思います。

また、ストックホルムの郊外には、中古品のみを販売しているRe Tuna（レトゥーナ）という大型ショッピングモールがあります。モールの横には、不要になったものを捨てるリサイクルセンターが併設されていて、捨てられたものを修理したり、アップサイクルしたりして、すぐ横で販売されるという仕組み。ゆっくり飲食できるスペースもあり、1日そこで過ごすファミリーもいて、新しい週末の過ごし方になっているそう。

また、店舗の中で新品とユーズド品の両方を並べて、販売しているお店も増えています。そのひとつが、北欧食器メーカーのIittala（イッタラ）。新品の食器たちが並ぶ店内でセカンドハンドの商品も販売しているのです。新しい商品とユーズド品、ふたつの選択肢があるって、消費者としてはありがたいことだなぁと思います。

不要になったら次のひとへ。みんなで長く使う。今の時代にますます必要な考え方だなと感じます。

自分のことをふりかえってみると、買い物をしているときに、「できるだけ長く使えるものを」と考えることはあっても、自分が使ったあとのことまで想像できていたでしょうか。

今使っている家具だって、子どもたちが大人になったときに使うかもしれない。今着ている洋服だって、誰かが着るかもしれない。

そんな視点が自分の中にあったなら、ものの選び方も、つき合い方も変わってきそうです。

(a) 真四角の棚は、実は捨てられていたもの。見つけたときは思わずガッツポーズしたのだとか（リーネさん）(b) 歯科医である母が、仕事場で使っていた書類棚。今ではペルニッレさんのオフィスで活躍中

(b)

(a)

日常の中にサウナ小屋。アロマの香りが家サウナの醍醐味

わが家の裏には10㎡ほどのスペースがあります。もともと住んでいた方はここを畑にしていたようなんですが、今ではその場所に、小さなサウナ小屋が建っています。

いつか小屋をつくってみたい。

これは、前から夫がよく言っていたこと。まるで子どもみたいな夢ですよね(笑)。家を買ってからは、骨組みや仕組みにさらに興味が湧いてきて、小屋をつくってみたい気持ちがあふれていたようです。そんなときに、松本で開催されていたアウトドアのイベントで出会ったのが「テントサウナ」でした。

薪ストーブで石をあたためる本格的なサウナが、どこでも設置できるテントで楽しめてしまうというもの。サウナってこんなに気軽なものなんだ……。夫も同じよ

うなことを考えていたようで、イベントの帰り道には、家の裏庭にサウナ小屋をつくってみようか！という話になっていたのでした（わが家ではおもしろそうなアイデアは、すぐに決まるようになっています）。

ちなみに、サウナと聞くとフィンランドのイメージですが、夫の実家があるスウェーデンでも昔から親しみのある存在。フィンランドのように家にサウナルームがあったり、マンションに共有のサウナスペースがあったりするのはめずらしいのですが、公共のプールやジムには、必ずといっていいほどサウナがついていて、子どもから大人まで日常的にサウナを楽しんでいます。

サウナ小屋ができた！と夫の両親に伝えると、「いいものがある」と送ってくれたのは、Oleum Basileum（オレウムバシレヨム）というスウェーデンのアロマオイル。ユーカリベースのすっきりとした香りのブレンドオイルです。裏面を見てみると、「サウナにもぴったり」とあります。

このオイルは夫が子どものころ、風邪を引いたときにお湯に垂らして蒸気を吸い込んだり、こめかみにぬったりして使っていたもの。サウナにぴったりだし、夫も懐かしいだろうと、両親が気を利かせて送ってくれたものでした。

熱したサウナストーンに、水をかけて蒸気を出す「ロウリュ」、聞いたことがある方も多いかもしれません。フィンランドサウナの醍醐味《だいごみ》でもあるのですが、ロウリュは水だけじゃなく、アロマ水をかけることもあるのだとか。フィンランドでサウナに入ったとき、束ねた白樺の葉っぱ(ヴィヒタ)で体を叩いたことを思い出します。血流にもいいし、白樺の香りを楽しむという意味もあるのだそう。でも、アロマオイルなら気軽に楽しめて、家のサウナにぴったりです。

水の入ったボトルにアロマオイルを数滴たらして、サウナ小屋にさっそく持ち込んでみることに。椅子に座り、薪ストーブがばちばちと音を立てながら燃えているのを静かに眺めます。しばらくすると、自分たちは山小屋の中にいるんじゃないだろうかと錯覚することも。そうこうしているうちに、じわじわと汗が出てきます。

サウナストーンにアロマ水をかけてみると、じゅわーーーといい音とともに、ぶわ〜〜っと部屋中に広がるい〜い香り。

熱風とともに顔中アロマ。体でアロマを受け止めている。そんな感じがします。癒しの香りを浴びているような感覚です。

サウナはじっと汗が出るのを待つ、ストイックなイメージだったのですが、こんなに癒し効果があるものなんですね。好きなアロマを、好きなだけ楽しめる。これがもしかしたら、家サウナの醍醐味なのかもしれません。

とくに寒い日は、体が芯からあたたまるだけで、幸せな気持ちになります。松本の冬はしっかり冷えるのですが、サウナ小屋ができてからというもの、さぁ、冬よ来い！という気持ちです。

コーヒーはスティナさんの趣味のひとつ。休日も仕事の日も、毎日必ず淹れています。友人からはカフェに行くよりもおいしいと評判

ハイキング、編み物、読書。北欧のひとたちが多趣味な理由

スウェーデン人の夫は、いつも仕事とは別にマイプロジェクトを持っています。出会ったばかりのころはコーヒー。ありとあらゆるコーヒーメーカーを試し、豆の種類、挽き方などをそれはそれは熱心に研究していました。また、中華料理にはまってからは、中国人が書いた現地の料理本やYouTubeのレシピを知りたいという好奇心から、中国語の検定試験まで受けてしまったことも。家を買ってからはＤＩＹにどはまりしていて、床を自分で張り替えたり、棚を自作してみたり。自分で電気工事がしたいからと、先日、電気工事士の資格も取得していました(なんと日本語で！)。

ときどきは仕事よりもそちらの方が忙しいんじゃや……と思うこともあったりして。それくらいのめり込んでいる夫の姿を見ていると、あきれつつも、うらやましい気持ちの方が大きいかもしれません。

これは夫の特徴だろうと思っていましたが、北欧ではこれがふつうかもしれない。今では、そう思うようになりました。それくらい、彼らは本当に「多趣味」なのです。

ノルウェーに住む友人たちのインスタグラムには、休日になると、家族でハイキングに出かけていたり、自然の中をサイクリングしたりする写真がよくあがります。ほとんどのひとが、体を動かす趣味をふたつ以上は持っているんじゃないでしょうか。ノルウェーでは、Påske(ポスケ)と呼ばれる4月のイースター休暇でさえも、家族みんなでスキーをするというのが定番の過ごし方なのです。

そして、北欧ではジムに通っているひとの割合もかなり多い印象。リーネさんも平日と週末に1時間ほど、週に2回ジムに通うのがお決まり。頭と体のリフレッシュになって気持ちがいいから、ジムに通うのは10年以上も続いている習慣だといいます。

また、インドアな趣味として人気なのは編み物。北欧のカフェではコーヒーを飲みながら編み物をしている女性をよく見かけます。スティナさんも編み物が好きで、インタビューのときも自身で編んだというセーターを着ていてとっても素敵でした。娘のパヤちゃんは今6歳。週に一度バレエに通っています。最近では、スティナさんが編み物をしているのを見て、教わりながらちくちく編むようになったのだとか。こんなふうに、北欧では「体を動かす趣味」をひとつ、「家でできる趣味」をひとつ持っていることが理想だと考えられているようです。

その他には、DIYや料理、映画、ドラマ鑑賞、音楽などでしょうか。マッサージやライフスタイルのコースを受講して専門的に学ぶひともめずらしくなく、趣味を超えた、勉強熱心ぶりに毎回驚かされるのでした。

オフィスでも、よく話題になるのは趣味の話。初対面の相手からも「何をするのが好きなの?」とよく聞かれます。自分のことを知ってもらうには、趣味は欠かせないと考えているようです。

趣味がそのひとを表している。
北欧ではそんなふうに考えられているのかもしれません。

北欧のひとたちが多趣味なのは、4時か5時に仕事がおわり、余暇時間が長いという背景もありますが、長くて寒い冬に気持ちを切り替える手段として、趣味が欠かせないという切実な理由も大きいようです。
趣味に没頭するときの自分、仕事をする自分、母である自分、友達と会うときの自分……。自分の居場所をいくつか持っていたら、何かに行き詰まったときに自分を助けてくれるような気がします。

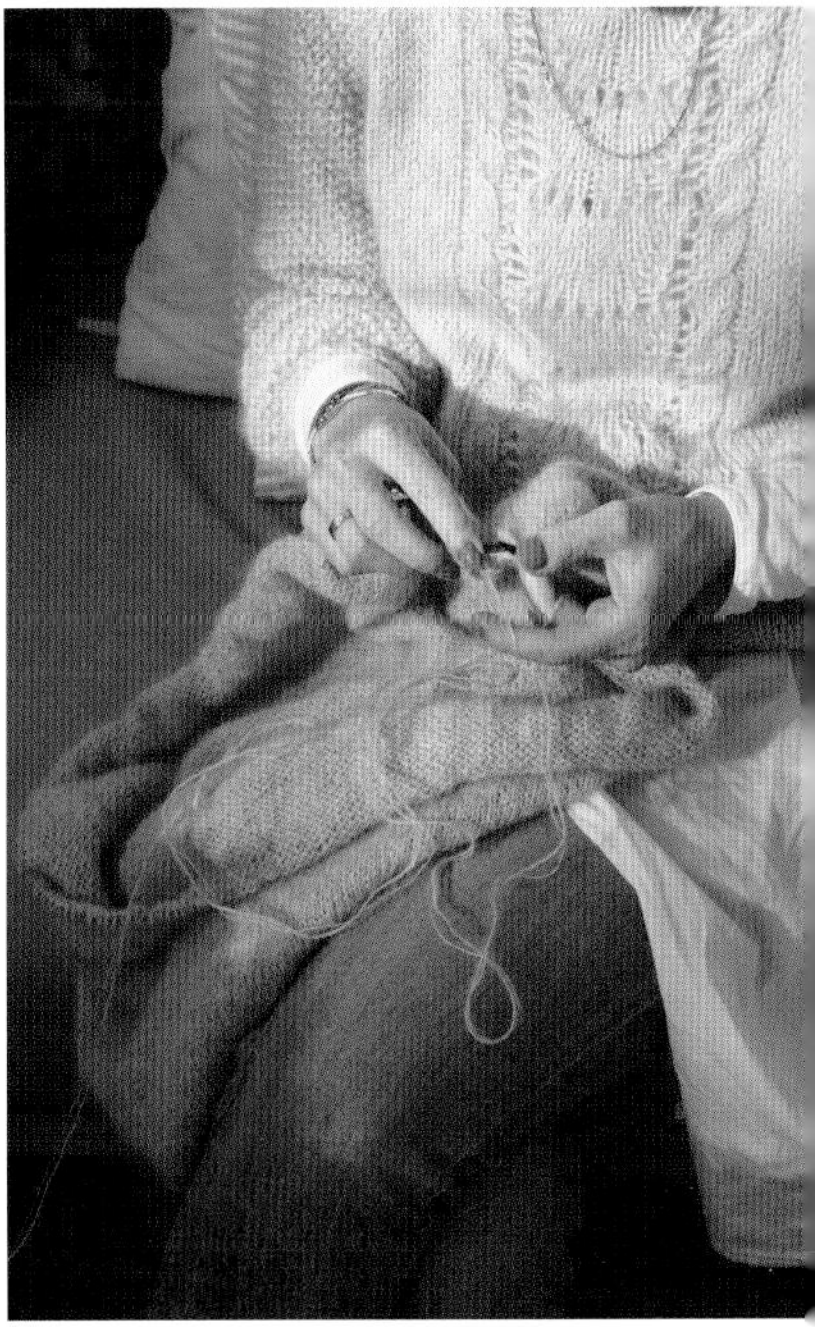

編み物をしていると心が落ち着くというスティナさん。自分用につくったり、友人にプレゼントしたり

日常の中にサステナブル、エコが溶け込んでいる

ノルウェーで友人の家にお邪魔したときの話です。数名が集まるホームパーティで、友人が用意してくれたのは、ヴィーガンタコス。肉を使わず、スパイスで味つけをした野菜をトルティーヤの皮で包んで、ソースをかけて食べる料理。北欧では健康だけでなく環境のことも考えてベジタリアンやヴィーガンを選んでいるひとも多いので、大勢が集まる食事のシーンではみんなが食べられるように、プラントベースのもの（植物由来の食品）が用意されることもめずらしくありません。こんなふうに、北欧では日常生活の中で、エコを意識する機会があちこちにあるのです。

わたしがスウェーデン料理をつくるときに、よくのぞくレシピサイトがあります。それは、スウェーデンの大手スーパーが運営しているICA（イカ）。たとえば、178ページで紹介しているベーコンパンケーキのレシピをのぞいてみると、こん

ペルニッレさんは環境と健康のために、移動はできるだけ自転車で。コペンハーゲンの街は、道路も整備されていて走りやすい

買い物するときは、できるだけオーガニック野菜を購入するようにしているリーネさん

なことが書いてあります。

「豚肉を鶏肉に、牛乳を植物由来のものに置き換えると、環境に与える影響が40〜60%減る」

こんなふうに日常的につくる料理にも環境にやさしいレシピに変更するヒントがあるのです。最近ではヴィーガンタコスのレシピなど、はじめからプラントベースの素材を使ったレシピも増えています。

また、スーパーにいくと、冷凍食品や持ち帰りできるサラダバーにも、プラントベースの食材が並ぶようになりました。牛乳の代替品として、人気なのがOATLY（オートリィ）のオーツミルク。パッケージもかわいいのですが、何よりもおいしいというのが人気の理由。最近、日本でも発売されるようになったので、気になる方はぜひ一度試してみてほしいです。わが家でも牛乳がわりによく飲んでいます。

また、北欧の中でもエコ大国として知られるデンマークは、1987年に世界ではじめてオーガニック食材に関する法律や規則を制定した国でもあります。厳しい基準を満たした食材には「Ø」マークがついていて、今ではデンマークのあちこちで見つかるようになりました。リーネさんもスーパーで買い物するときは、Øマークがついた食材をできるだけ選ぶようにしていると言います。「最近ではディスカウントスーパーでも自社オリジナルのオーガニック製品や野菜を販売しはじめているの。価格もそこまで高くなく、手に取りやすくなってきてうれしい」とリーネさん。Øマークは今ではレストランやフードトラックにもつくようになってきていて、店を選ぶときのひとつの基準になっているのだとか。

また、デンマークには食品ロスを減らすことを目的につくられたスーパーマーケットWefood(ウィーフード)があります。賞味期限が切れた食材(消費には問題がないもの)、輸送中にラベルがはがれたり、パッケージが壊れていたりしているものなど、通常スーパーでは販売できない商品が、3割から7割引きの価格で販売されています。価格も安く、食品ロス削減にも貢献できるので、食材を買うときのひとつの選択肢として広がってきています。

北欧はどこへ行ってもエコの意識が高く、日常的に環境について考える機会があちこちにあるなぁと感じます。その理由を考えてみると、子どものときから世界で起きていることに興味を持っていることが大きいかもしれません。

夫が言うには、「北欧は小さな国だから、もっと世界を見た方がいい。世界を知るために、英語は必要なんだよ」と、子ども時代から教わってきたのだとか。北欧ではスウェーデン語やノルウェー語などの母国語の他に、英語もほとんどのひとが話します。

また、日常会話の中でも政治や環境について自分はどう思うのか？という話があたりまえのようにでてくるのです。自分の国のことから、遠い国で起きていることまで。今、何が起きているのか？　それについて自分はどう思うのか？　世界で起きていることについて考えてみる。その答えがエコを意識することだったんじゃないかと思います。

今いる場所から少し顔をあげて、視野を広げてみると、見える世界も考え方も変わってくるのかもしれません。

デンマークでよく見かける、大きな荷台がついた自転車。荷物をたくさん乗せるのはもちろん、子どもや犬を乗せて走るのも日常風景

デンマークの言葉、Arbejdsglæde（働くことの喜び）が教えてくれること

スティナさんは銀行のアドバイザーとして、今の会社で働いて3年。もともと同じような業界で働いていたものの、家族との時間が取れていないと感じ、上司と話し合ったそう。結局、理解を得られず、転職を決意しました。

デンマークの平均的な勤務は週37時間。朝8時にはじまり、16時におわるのが基本です。現在勤めている会社はスティナさんの「家族の時間を大事にしたい」という想いを受け止めてくれ、週28時間の時短勤務で働けるようになりました。8時30分にスタートして、おわるのは14時45分。金曜日の仕事終了は14時。毎週、毎月、毎年、上司と一対一のミーティングが設けられていて、いつも最初に上司から聞かれるのは「最近どうなの？」「家族は順調？」ということ。スティナさん自身のことや家族の状況をいつも気にかけてくれているといいます。

ペルニッレさんのホームオフィス。
向かいは夫のキャスパーさんの席

デンマークには、「Arbejdsglæde（アーバイトグルー）」という言葉があると、教えてくれました。これは、働くことの喜びという意味でデンマークに限らず、北欧のひとたちが大切にしている価値観。英語にもない言葉なのだとか。

Arbejdsglædeとは、仕事に向かう気持ちが明るい状態のこと。幸せに仕事をしていることが、結果的に仕事の効率にもつながる。そんなふうに考えられている言葉だと言います。

自分にとってのArbejdsglædeは何か？　スティナさんに聞いてみました。

「数字や結果は大切なことだけれど、いちばんの優先順位じゃないの。もちろん意識して働いているけどね。わたしにとっては、いい仲間に囲まれて仕事ができること。あとは、家族の時間を大事にしながら働ける環境があること。それと、お客さんといっしょにいい経験ができること。これがわたしにとっては大事だと思うわ」とスティナさん。

今の状況に満足している？と聞くと、とても満足していると、にこっと微笑んで答えてくれました。

仕事に意味を感じられること。そして、仕事をしながらも、自分の時間、家族の時間がちゃんと取れているという実感。Arbejdsglædeとは、つまり、仕事を含めた人生が充実していることを大事にしている言葉なのかなと思います。

あらためて北欧の働く環境を考えてみると、仕事の時間が短く、長期休暇があって、残業も少ない。もともと働きやすい環境が整っているというのは、もちろんあります。でも、北欧のことを知れば知るほど、ただただうらやましいと言っていられない自分もいるのです。

16時に仕事をおえるために、ランチはササッと15分で済ませたり。疲れてきたら、同僚と10分ほどのコーヒー休憩をして、再び集中したり。そして、16時になるとパソコンをパタッと閉じて、走って家へ帰っていく……。

そんな彼らの働き方を見ていると、自分たちでこの環境をつくっていると言えるのかもしれない。そう思うようになってきました。そして、会社でも「自分がこうしたい」という意見を伝えて、状況を変えようとしている姿を見たのも、一度や二度じゃありません。

ノルウェーに住んでいたときにこんなこともありました。3月8日、国際女性デーの日。街に行けば、女性たちが旗を持ってパレードをし、学校ではお祝いにハート型のチョコレートを配っているのです。また、インスタグラムを開くと、友人たちが国際女性デーを祝う投稿を次々とアップしています。

「世界の中でも男女平等がトップクラスに進んでいる国で、こんなに盛大にお祝いするんだね」と驚いていると、夫からこんなことを言われました。

「いやいや、これだけみんなが行動しているから、男女平等になったんだよ」と。

あぁ、そうか、彼らは自分たちでこの環境をつくってきたのか……。あらためて、気付かされたできごとでした。


北欧のひとたちを思い出すと、肩の力が抜けてリラックスしている様子とともに、必要なときには立ち上がり、自分の進みたい道を切り開いていく。そんなたくましい姿も今では頭に浮かぶようになりました。


居心地のいい場所は、自分でつくるもの。

北欧のひとたちを見ているといつもこのことを思い出し、今の暮らしを見つめ直す機会をもらうのです。

北欧
mini
コラム

気分転換することが効率よく働く秘訣

夫が働いていたノルウェーのオフィスでは、集中力が切れたら働く場所を変えていたそう。集中モードのときはひとりでこもれる部屋で作業をし、疲れてきたらスタンディングデスクに移動。4、5人集まって作業するスペースもあり、そのときの気分によって作業場所を選んでいたのだとか。また、オフィスの休憩スペースには本格的なコーヒーマシンがあり、コーヒーを飲みながら同僚と10分間おしゃべりするFIKA(フィーカ)の時間も欠かせません。集中力が切れたらあらゆる方法で気分転換する。これが短い時間で仕事をおわらせるコツのひとつのようです。

完璧じゃなくてもいい。抱え込まないという働き方

日本で就職して、日本の働き方にすっかり馴染んでいたスウェーデン人の夫。彼にとっても北欧のひとたちの働き方は新鮮だったようです。ノルウェーで働いてから意識するようになったのは「完璧じゃなくていい」ということ。時間を決めて取り組み、それが100%の仕上がりでなくても、相手に一度相談してみる。そうすることで、時間をかけずに、結果的にお互いにいいものができることを学んだと言います。ついつい自分だけで抱え込んでしまいがちなわたしは、「まずは相手に聞いてみる」を呪文のように唱えて、実践してみています。

夜はゆっくり過ごしたいから朝のスタートを早めに

多くのノルウェーの会社では、仕事がスタートするのは朝の8時。一般的な日本の会社よりも1時間早くスタートします。そして、朝早いのは仕事のスタート時間だけではありません。朝の6時から開いているジムも多いので、出社前にジムに行って運動をして、8時に出勤するひともけっこういるのです。社員が運動することを推奨している会社も多く、オフィスにシャワールームが設置されている会社もめずらしくありません。夜はゆっくり自分の時間や家族の時間が取れるように、ノルウェーのひとたちは早起きしてやるべきことを朝からおわらせてしまうのです。

松本の日々

（暮らし編）

フィンランドでは6か月くらいから、赤ちゃんもサウナに入ります。わが家でも子どもたちはサウナが大好き。子どもたちが楽しめるように、絵本と、みかんなどの果物を持って入ります。サウナ小屋には15分の砂時計があるので、砂が落ちきったら、外のベンチで5分ほど休憩。外に出てすぐはかなり寒いのですが、少し我慢すると、真冬でも気持ちいいくらいです。サウナ15分、休憩5分を2セットほどしたら、家に戻ってシャワーを浴びて完了。しばらくはポカポカ温かく、頭も体もリフレッシュします。水風呂か露天風呂をサウナ小屋の横に設置しようとただ今検討中です。

子どもたちといっしょにサウナを楽しんでいます

古い道具は自分たちの手で直しながら長く使う

家具や道具、家の内装も、北欧ではちょっとした傷や壊れくらいは、自分たちで直してしまいます。わが家に迎えたちゃぶ台は、20年ほど使われていた中古品。表面がでこぼこしていて、シミがあったので、木材の表面を削ってみることに。すると、美しい木目が出てきて、すっかり生まれ変わったのです。また、古道具屋さんでほこりをかぶっていた300円のかごは、中性洗剤を水でうすめたもので汚れを落とし、陰干し。じゃがいもや玉ねぎなどの収納に活躍中です。自分たちで直した道具は思い入れも加わるように感じます。

松本で考える
エコのこと。
できることから
少しずつ

環境に配慮して暮らしている北欧のひとたちをみならって、再利用して使えるものをできるだけ選びたいと思い、手にしたのがStasher（スタッシャー）というプラスチックフリーの保存バッグ。出かけるときは、この保存バッグに子どもたちのおやつを入れてよく持って行きます。また、大きなサイズは果物や野菜を入れて、冷蔵庫の食材保管用に。食洗機で洗えるのもうれしいです。その他、ハンドソープや洗剤もできるだけ環境に優しいものを選ぶようになりました。ポーランドのYOPE（ヨープ）のハンドソープは天然由来成分（92%以上）でつくられていて、香りもデザインも気に入っています。

仕事と暮らしのバランス。自分たちの思い描く働き方

北欧に住んでから、毎日の生活を大事にしながら働きたいという気持ちが強くなりました。仕事量、働く場所や時間を自分で決められるように、夫婦でフリーランスとして働くことを決意。日本へ帰国するタイミングで、夫は長年の勉強をいかしてウェブプログラマーとして独立しました。わたしは「書く」ということを仕事にしたいと思い、企画書を送ったり、本をつくるために出版社に直接電話をしたことも。まだまだ仕事は安定していませんし、バタバタすることもよくありますが、自分たちの思い描いていた働き方に少しずつ近づいていると感じます。

松本の／わが家を／ご案内!

築40年以上、DIYで
自分たちらしく
改装している
わが家の全体像です。

引き違いのすりガラスが入っていて、
好きな景色があまり見えなかったから、
大きな1枚ガラスにリフォーム。ここ
は職人さんに依頼した数少ない場所。
料理の時間が楽しくなりました

キッチン

(a)キッチンはイケアでオーダーし、自分たちで組み立てたもの。収納スペースはたくさん確保(b)アイランドキッチンは子どもたちの作業スペース。よくいっしょにクッキーをつくります

スウェーデンの家庭でよく見かけるString Furniture（ストリングファニチャー）。ようやくわが家に来てうれしいです

松本で家を探しはじめたのは４年前。気持ち的にも金銭的にも余裕を持つことを大事にしたかったので、大きなローンを組まずに購入できる家が条件でした。なかなか見つからず、諦めかけていたときに出会ったのが、今住んでいる築43年の純和風中古物件。でも、他の条件を手放したわけではなく、家の大きさも、間取りも、自然の近さも、自分たちが探していた物件にぴったりでした。予算も多くなかったので、自分たちでリフォームすることを決意。和の家のよさを残しながら、自分たちの暮らしやすい家にしたい。さらに、北欧の家のアイデアもミックスしたい。これが家づくりの目標でした。そこからは、YouTubeなどでDIY方法を調べて、見様見真似でリフォームを進める毎日。家を買って丸３年が経ち、ようやく自分たちらしい家になってきたかなと思っています。今は子ども部屋の改装を計画中。これからも家づくりはしばらく続きそうです。

(a)

ダイニング

(a) 家具も壁もカーテンも白くしたら、光がよくまわる明るい部屋になりました (b) キッチンとダイニングの壁にアクセントとして張ったのは、スウェーデンのBoråstapeter(ボラスタペーター)の壁紙

(c)

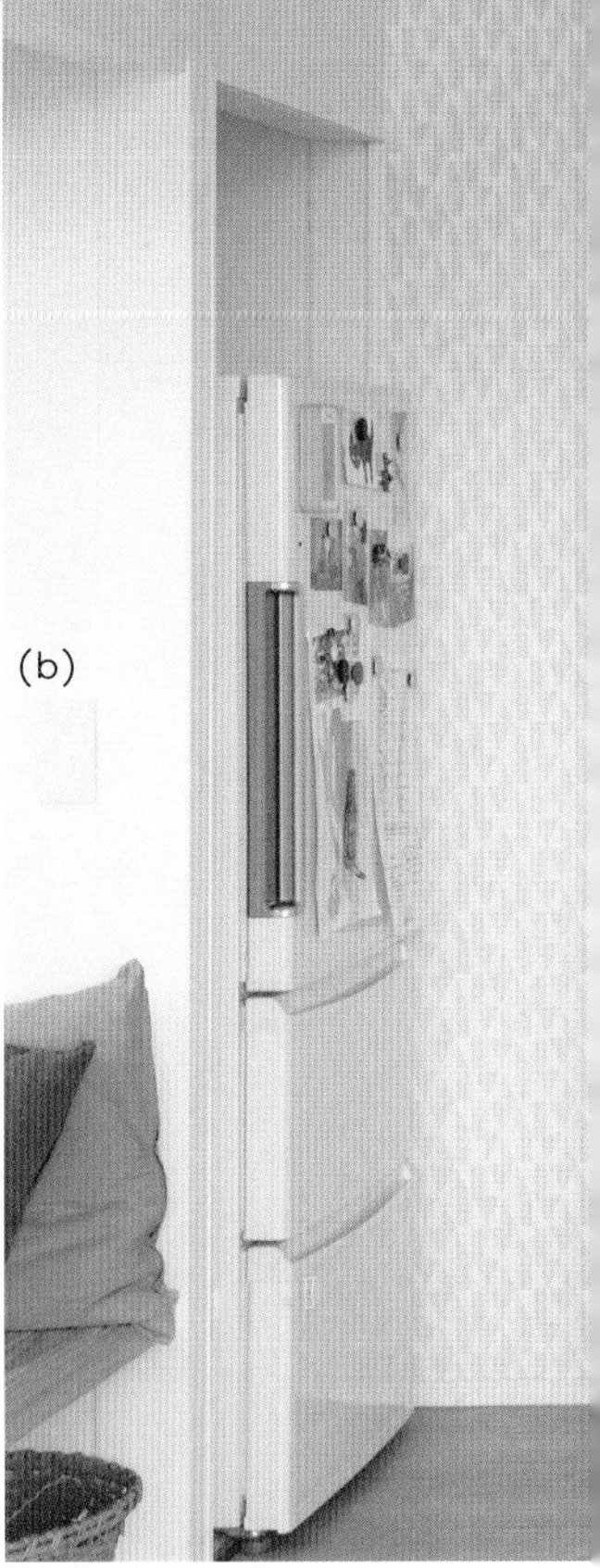

(b)

(c) 窓下の収納スペースはふすまを取り外し、中を白くペイント。上から木材を張って、現在はベンチとして使っています (d) ポスターやキャンドル、植物など、お気に入りのものが集まっているコーナー

(d)

(a)

リビング

(b)

(a) 壁に飾っているのは、フィンランドに住む島塚絵里さんの松の木モチーフのテキスタイル (b) 元々はいかにも和風の飾り棚があった場所。本を収納するために棚を取り外し、わたしが壁に漆喰を塗り、夫が新たに棚をつくりました

(c)(d)古い家なので冬の寒さが心配でしたが、薪ストーブのおかげで冬も楽しみに。子どもたちは、薪ストーブの前でよくごろごろ寝転がっています (e) 薪ストーブは床の間だったスペースに設置。和のよさを残したかったので、リビングの半分は畳を残し、半分は自分たちでフローリングに張り替えました

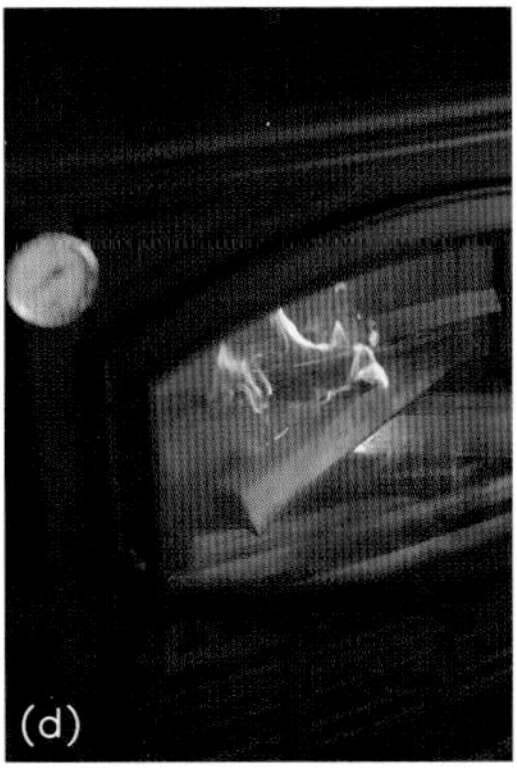
(d)

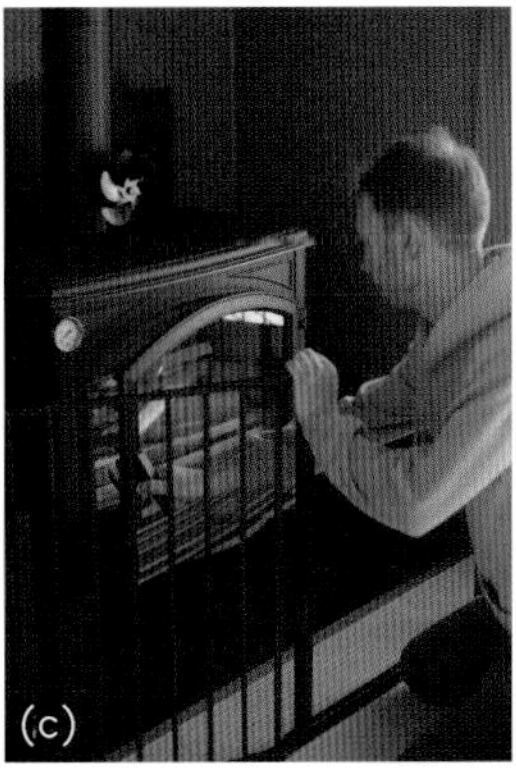
(c)

(e)

外とつながる場

(a) 庭の奥にあるガレージ。外のスペースでも、室内のようにテーブルや椅子を置き、ラグを敷くのも北欧から学んだアイデア (b) 天気のいい日はデッキで、よくコーヒーを飲みます (c) 家から見える、北アルプスの景色

(a)

(b)

(c)

(e)

(d)

(f)

(d)(e)北欧の玄関にはジャケットやバッグを掛ける場所があり、大きな下駄箱がないのも特徴。玄関がすっきりし、出かけるときも、帰宅時もスムーズです。わが家でも真似してみました。あまり使わない靴はワードローブにしまっています(f)本をじっくり読みたいときは縁側に来ます。北欧の家ではひとり掛けソファ、ランプ、サイドテーブルの3点がそろっている、ひとり時間スペースがよく設けられています

(b) (a)

2階&その他

(e)

(e) どんな服を持っているのかを把握しやすいように、洋服はしまいこまず、壁面に掛けることに (f) 大きな鏡と洗面台もイケア。忙しい朝も混雑しないようにダブルシンクのものを選択しました

(d)

(a) 子どもがよくお店屋さんごっこをするので、イケアのシェルフIVAR（イーヴァル）にオーニングをつけて、マーケット風にカスタマイズしました (b)(c) 娘と息子、それぞれの部屋にある絵本棚。右が娘で、左が息子の部屋です。好きな絵本や自分で書いた絵などもいっしょに飾っています。息子の部屋にはMogu Takahashiさんのポスターも (d) 夫婦の寝室。夜になると窓から星が見えるところが気に入っています

(c)

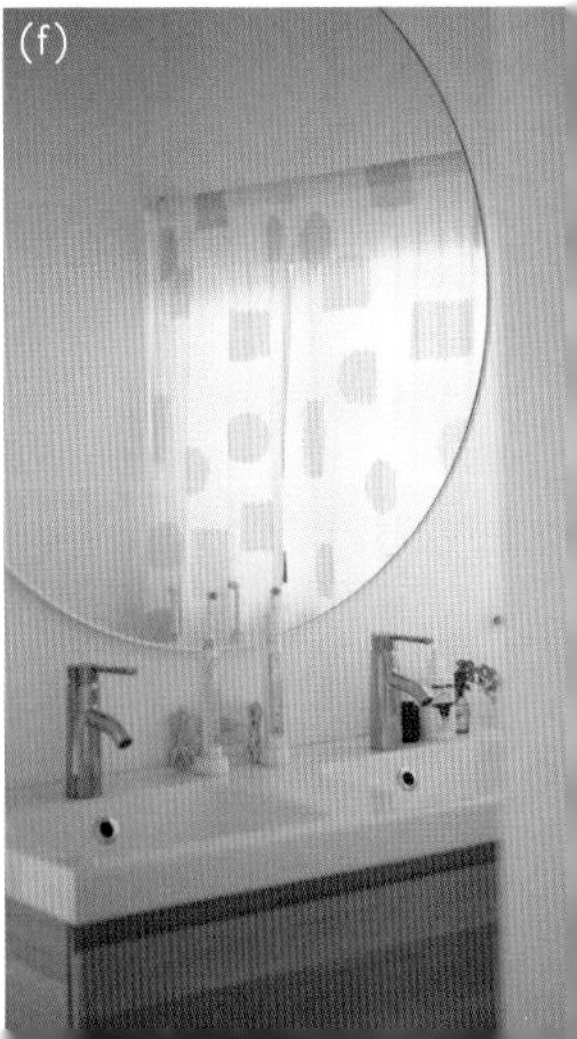
(f)

松本のわが家でつくる、
北欧らしい料理の
レシピをご紹介します。

（おまけの）
北欧レシピ

Fläskpannkaka ／ベーコンパンケーキ

◎ 材料(4人分)
ベーコン(角切りタイプ) …… 150g
卵 …… 2個
A 牛乳 …… 400ml
A 小麦粉 …… 120g
A 塩 …… 小さじ1/2
リンゴンベリージャム …… 適量
バター …… 少々

❶ フライパンにバターを中火で熱し、ベーコンを加え、少し焦げ目ができるくらいまで炒める。
❷ ボウルに卵を割りほぐし、Aを加えて泡立て器でよく混ぜる。
❸ オーブンの天板にオーブン用シートを広げ、ベーコンを脂ごと散らす。上から②を注ぐ。
❹ 200℃に予熱したオーブンで25分焼く。食べやすい大きさに切って皿に盛り、リンゴンベリージャムをのせたらできあがり。

スウェーデンに住む夫のママがよくつくってくれるレシピ。北欧のパンケーキはクレープのように薄いことが多いのですが、こちらはオーブンでつくる、ちょっと分厚いパンケーキです。バターの香りがして、ベーコンのしょっぱさとリンゴンベリージャムの甘さがよく合い、スウェーデンの子どもたちも大好きなメニュー。ミルクと合わせて食べることが多いのですが、子どもたちはジャムをミルクにも混ぜて飲むのが食後の楽しみのようです。

Laxpudding ／サーモンプディング

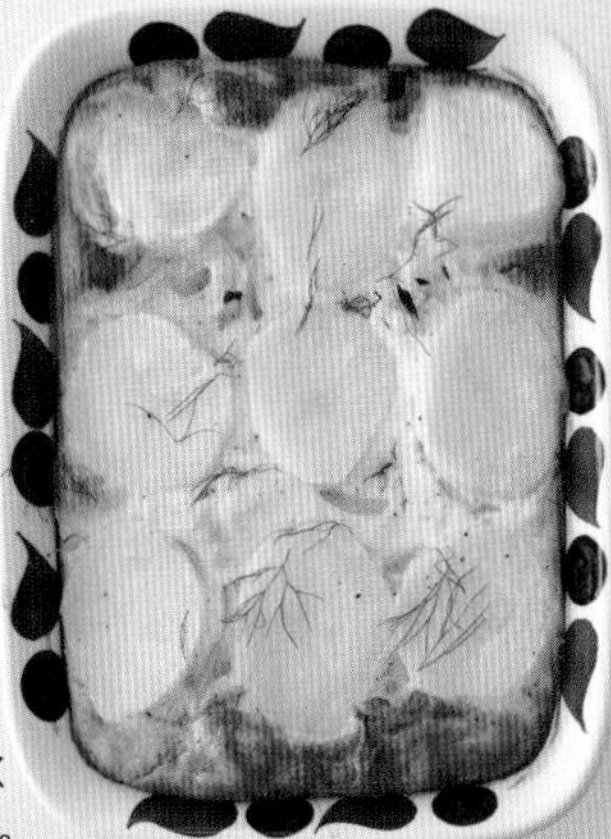

◎ 材料(4人分)

	じゃがいも(中)	3個
	玉ねぎ	1/4個
	生サーモン切り身	2切れ
	ディル	2本
	バター	10g
A	卵	2個
A	牛乳	50ml
A	生クリーム	100ml
A	塩	ひとつまみ
A	黒こしょう	少々

❶ じゃがいもは皮をむいてゆで、1cmくらいの輪切りに、玉ねぎは薄切りにする。サーモンには塩少々(分量外)をふる。ディルはちぎる。
❷ フライパンにバターを中火で熱し、玉ねぎが透き通るくらいまで炒める。
❸ 耐熱皿にバター(分量外)を薄く塗り、じゃがいも、サーモン、玉ねぎ、ディルの順に重ねていく。最後はじゃがいもがいちばん上にくるようにする。ボウルにAの材料を入れて混ぜ、耐熱皿に流し入れる。
❹ 上からちぎったバター適量(分量外)をのせ、200℃に予熱したオーブンに入れて25〜30分焼く。ディル(分量外)をちぎって散らす。

じゃがいもと生クリーム、サーモン、ディルと、北欧らしい食材が勢ぞろいし、一口食べると、これぞ北欧！と思う味。スウェーデン定番のオーブン料理です。プディングという名前ですが、ポテトのクラフティのような仕上がり。家庭でもよく登場しますし、大勢が集まるパーティなどでも並びます。冬になると食べたくなる、スウェーデンの家庭の味です。

Pepparkakor
／ジンジャークッキー

◎ 材料（つくりやすい分量）

	バター（食塩不使用）	75g
A	ココナッツシュガー	70g
	メイプルシロップ	40ml
	水	20ml
B	シナモンパウダー	大さじ1/2
	ジンジャーパウダー・クローブパウダー・カルダモンパウダー	各少々※
	ベーキングパウダー	小さじ3/4
	薄力粉	180g

※小さじの先端にのるくらいの分量

❶ バターをボウルに入れて湯煎で溶かし、Aを加えて、へらでよく混ぜる。さらにBを加えて混ぜ合わせる。薄力粉を少しずつ加えながら混ぜ、最後はひとかたまりになるよう、手でまとめる。ラップに包んで冷蔵庫で1晩寝かせる。

❷ 台に薄力粉（分量外）を薄く広げ、めん棒で生地を伸ばす。厚さ5mmほどが目安。好みの型で抜く。余った部分はまとめて再度めん棒で伸ばして、さらに型で抜く。

❸ オーブンの天板に、オーブン用シートを敷き、②を並べる。200℃に予熱したオーブンで5〜10分、焦げないように様子を見ながら焼く。

北欧ではクリスマスが近づいてくると、パンやクッキー、コーヒーや紅茶などの飲み物までジンジャークッキー味のものがスーパーやカフェにずらりと並びはじめます。ジンジャークッキーは甘くてちょっとスパイシーな香り。この匂いをかぐと、あぁ、クリスマスが来たんだなぁとわくわく。松本のわが家でもジンジャークッキーを焼いて、クリスマスが来るのを楽しみに待ちます。

（ おわりに ）

この本ではわたし自身が知りたいと思った北欧の日常について、デンマークに住む3家族に取材をしながら書いてきました。本をつくっている中で改めて驚いたのは、家事や子育て、そして、家のことについて、少しでも毎日が良くなるように日々試行錯誤している北欧のひとたちの姿でした。

この方法はどうだろうか?と試してみる。うまくいかなかったら、また別の方法を考えてみる。こんなふうに、考えたり悩んだりしながら、毎日の生活に、自分自身で小さな変化を生み出しているのです。つねに新しい風が日常の中に吹いているから、北欧のひとたちの暮らしは軽やかなんだと感じました。

また、もうひとつ、本を制作する中で気がついたのは、北欧のひとたちは「こうしなければいけない」ということから、わたしたちよりも少し自由だということ。

今、自分はどう感じているのか?　どうしたいのか?

つねに「自分の気持ち」を大事にしながら過ごしています。これが北欧のひとたちの毎日を軽やかにしてくれている、もうひとつの理由のようです。

自分の気持ちと向き合い、自分にとっての居心地のよさを考えてみる。そんなきっかけにこの本が小さくともなれたなら、こんなにうれしいことはありません。

この本を手にしてくださった読者のみなさまに、改めて心から感謝いたします。本当にありがとうございました！

そして、編集者の加藤郷子さん、デザイナーの葉田いづみさん、写真家の松浦摩耶さんというすばらしいチームのみなさんに、本の制作への力をお貸しいただけたことに感謝の気持ちでいっぱいです。また、取材を受けてくださったリーネさん、ペルニッレさん、スティナさんと、そのご家族にも大きな感謝を送ります。

Line, Pernille and Stina, mange tak!

北欧のひとたちの暮らしのアイデアが、日本で暮らすわたしたちのヒントになりますように。

棗原 さやか

撮　　影　松浦摩耶
デザイン　葉田いづみ
編集＆構成　加藤郷子
編集協力　オリバー・ルンドクイスト
校　　正　玄冬書林
編集統括　川上隆子（ワニブックス）

居心地のいい場所は自分でつくる
北欧の日常、自分の暮らし

著　者　桒原さやか

2023年4月28日　初版発行

発行者　横内正昭
編集人　青柳有紀
発行所　株式会社ワニブックス
〒150-8482
東京都渋谷区恵比寿4-4-9
えびす大黒ビル
ワニブックスHP
http://www.wani.co.jp/

お問い合わせはメールで受け付けております。
HPより「お問い合わせ」へお進みください。
※内容によりましてはお答えできない場合がございます。

印刷所　株式会社美松堂
製本所　ナショナル製本

定価はカバーに表示してあります。
落丁・乱丁の場合は小社管理部宛にお送りください。送料は小社負担でお取り替えいたします。ただし、古書店等で購入したものに関してはお取り替えできません。

ISBN978-4-8470-7306-9

Hushållsarbete
Interiör
Uppfostran av barn
Vardagsliv

Interiör

Hushållsarbete

Uppfostran av barn

Interiör

Vardagsliv

Hushållsarbete

Interiör